RHEINGAU

GÖRAN SEYFARTH

WEITERE REISEFÜHRER AUS UNSERER REIHE

Burgen in Sachsen-Anhalt • Burgen im Rheinland • Burgen in Thüringen • Der Lutherweg. Eisleben – Halle – Wittenberg • Die Weinstraße Saale-Unstrut • Mittelweser • Taunus • Wege zu Cranach. Kultur-Reiseführer • Wittenberg – Dessau – Wörlitz. Die UNESCO-Welterbestätten u. a.

mitteldeutscher verlag

Der Rhein – Lebensader einer Region

HIGHLIGHTS 4–5
Top-Tipps 4
Entdecker-Tipps 5

WILLKOMMEN IM RHEINGAU 6
ANREISE IN DEN RHEINGAU 9
VERANSTALTUNGSKALENDER 10

SEHENSWERTES 12–115
Wiesbaden und Umgebung 12
Eltville und Umgebung 40
Oestrich-Winkel 56
Geisenheim 68
Rüdesheim und Umgebung 80
Lorch 104

KLEINE GESCHICHTE DER REGION 116

ÜBERNACHTUNG UND GASTRONOMIE 121

AKTIV 131

FAMILIENZIELE 136

TYPISCHES 138

REGISTER 140
ABBILDUNGSNACHWEIS 143

TOP-TIPPS

SPIELBANK WIESBADEN

Im prächtigen Kurhaus der Landeshauptstadt haben schon einige Prominente hoffnungsvoll der Roulettekugel hinterhergeschaut. Genießen Sie die Eleganz des Ortes, an dem Glück und Tragik dicht beieinanderliegen. S. 15

NEROBERG

Der Wiesbadener Hausberg besticht nicht nur durch seinen tollen Blick über die Stadt, auch geschichtsträchtige Bauwerke warten dort auf Sie. Eine Bergbahn, die es so kein zweites Mal gibt, bringt Sie nach oben. S. 25

KLOSTER EBERBACH

Über Jahrhunderte lebten Mönche hier nach den Regeln der Zisterzienser. Zum Kloster gehörte einst auch der Steinberg. Der unter dem modernen Betriebsgebäude befindliche Steinbergkeller beeindruckt durch seine Größe. S. 49

DROSSELGASSE

Durch die nur drei Meter breite Gasse drängen jährlich Millionen Touristen, um sich der rheinischen Riesling-Seeligkeit hinzugeben. Bestaunen Sie den Trubel am wohl längsten Weintresen der Welt. S. 90

NIEDERWALDDENKMAL

Das Übermaß an Nationalstolz mag ja zur Entstehungszeit des Denkmals durchaus akzeptabel gewesen sein. Heute beeindruckt die kolossale Germania auf dem Niederwald hoch über dem Rheintal nach wie vor. S. 95

ENTDECKER-TIPPS

HENKELL-SEKTKELLEREI

Wenn es etwas zu feiern gibt, perlt auch oft Henkell oder eine der anderen Marken des Konzerns im Glas. Grund genug, einmal hinter die Kulissen der Sektherstellung zu blicken oder den Shop im Stammhaus zu besuchen. S. 28

MUSEUM WIESBADEN

Allein die rund 80 Werke des Expressionisten Alexej von Jawlensky sind einen Besuch wert. Doch die Kunstsammlung zeigt mehr, vereint Werke aus fast tausend Jahren. Die naturhistorische Sammlung ist ebenfalls beachtlich. S. 23

ST. VALENTINUS, KIEDRICH

Die Kirche beherbergt die älteste spielbare Orgel Deutschlands. Kunsthistorisch bedeutsam ist die Madonna aus dem 14. Jh. Hörenswert sind die wöchentlichen dargebotenen gregorianischen Choräle der „Kiedricher Chorbuben“. S. 52

BRENTANOHAUS, WINKEL

Im einstigen Sommerhaus der Brentanos traf sich die Dichterprominenz des 18. und 19. Jahrhunderts. Goethe schrieb hier an seinem „West-Östlichen Divan“; die Erinnerungen u. a. an seinen Aufenthalt werden bewahrt. S. 61

ABTEI ST. HILDEGARD

Zu Beginn des 20. Jahrhunderts siedelten sich Benediktinerinnen im damals neu erbauten Konvent oberhalb von Eibingen an, um an die Traditionen ihres von der Heiligen Hildegard gegründeten Ordens anzuknüpfen. S. 84

WILLKOMMEN IM RHEINGAU

Der Rhein, Europas siebtgrößter Fluss, legt eine rund 1.200 Kilometer lange Reise von den Alpen bis zur Nordsee zurück. Etwa auf der Hälfte dieser Strecke weicht er zwischen Wiesbaden und Rüdesheim für etwa 40 Kilometer von seiner überwiegenden Fließrichtung ab. Statt zielstrebig nordwärts dem Meer zuzusteuern, wendet er sich hinter Wiesbaden, gezwungen durch die Berge des Taunus, um 90 Grad westwärts. „Vater Rhein" scheint das Ausweichmanöver vor den natürlichen Hindernissen zu einer Atempause zu nutzen. Das Wasser fließt deutlich langsamer, aus dem bis zu einem Kilometer breiten Flussbett, welches stellenweise wie ein See wirkt, ragen Inseln. Bei Wiesbaden sprudeln zudem heiße Thermalquellen aus der Erde, welche sich schon die Römer zunutze machten. Quasi als Gegenleistung brachten sie den Weinbau in die Region. Die sonnenverwöhnten Südhänge des Taunusgebirges erwiesen sich dafür als bestens geeignet. Gegenwärtig produzieren an die 50 große Weingüter sowie ein paar Hundert kleinere Betriebe edle Tropfen. Dazu kommen noch unzählige Winzer im Nebenerwerb, die jeweils Kleinstflächen bewirtschaften.

Auch die Thermalquellen haben ihren Anteil am Aufschwung der Region. Schlangenbad und Bad Schwalbach, vor allem aber Wiesbaden, können inzwischen auf eine lange Kurtradition zurückblicken. Eine ganze Reihe von Prachtbauten in der Landeshauptstadt, viele davon aus dem 19. Jahrhundert, sind ein Beleg dafür. Prominente Kurgäste zog und zieht es hierher. Das wirkt sich positiv auf die Lebensqualität aus. Museen mit hochkarätigen Ausstellungen, eine lebendige Theaterszene und renommierte Musikfestivals locken Gäste in den Rheingau. Neben den kulturellen kommen aber auch die kulinarischen Genüsse nicht zu kurz. Edler Wein und gehobene Küche gehen in vielen Restaurants sowie bei Veranstaltungsreihen eine Symbiose ein. Auch die einfache und bodenständige Winzerküche hat ihren Platz. Häufig werden von den

Entscheidungshilfe in Eltville

Gastronomen regionale Spezialitäten wie Wild aus dem Taunus oder Forellen aus dem Wispertal verarbeitet. Apropos Wispertal: Die Hügel des Rheingaugebirges an Wisper, Walluf und den kleineren Nebenflüsschen bilden mit ihrem Fauna- und Florareichtum eines der größten zusammenhängenden Waldgebiete des Landes und laden zu erholsamen Spaziergängen ein. Erholsam ist auch eine Schifffahrt auf dem Rhein, vorbei an den Burgen und Ortschaften. In Rüdesheim, dem wohl bekanntesten der Orte, dürfte es dann allerdings vorbei sein mit der Beschaulichkeit. Vom Frühjahr bis zum Advent drängen sich Scharen von Touristen aus allen Teilen der Welt durch die Drosselgasse, um sich der Rhein-Wein-Seeligkeit hinzugeben. Am besten jedoch ist, Sie lassen ihre Stereotypen zu Hause und entdecken unvoreingenommen die ganze Vielfalt des Rheingaus. Es lohnt sich auf jeden Fall.

ANREISE IN DEN RHEINGAU

MIT DEM AUTO

Bei der Planung der Anfahrt in den Rheingau ist zu bedenken, dass es zwischen Wiesbaden/Mainz und Koblenz auf 84 Kilometern keine Brücke über den Rhein gibt. Somit fahren Sie aus Richtung Norden, Osten oder Süden zunächst in das Rhein-Main-Gebiet, beispielsweise über die A 5 oder A 3 aus Richtung Baden-Württemberg oder Bayern, über die A 4/A 5 aus Thüringen oder die A 7/A 5 aus dem östlichen Niedersachsen. Aus Bremen oder dem Ruhrgebiet kommend, steuern Sie zunächst Koblenz an. Ab Koblenz oder Wiesbaden führt die gut ausgebaute, aber viel befahrene B 42 bequem zu den einzelnen Orten des Rheingaus.

MIT DER BAHN

Neben den unzähligen Güterzügen, die alle paar Minuten durch den Rheingau und das Mittelrheintal donnern, verbinden auch Regionalbahnen die direkt am Rhein liegenden Orte miteinander. Eine davon sollten Sie in Wiesbaden oder Koblenz besteigen. Besonders das Rhein-Main-Gebiet, aber auch Koblenz sind praktisch aus allen Richtungen problemlos über das ICE- und Fernverkehrsnetz zu erreichen.

MIT DEM RAD

Die Region ist an ein überregionales Netz an Radwegen angeschlossen. Dem Rheingau nähert man sich idealerweise über die Fernradwege in den Flusstälern von Rhein und Main. Einmal angekommen laden weitere regionale Wege zu Touren ein, entweder am Fluss entlang, durch die Weinberge oder ins bewaldete Hinterland des Untertaunus. Während eine Tour durch die Hügel abseits des Rheins durchaus eine sportliche Herausforderung darstellen kann, geht es am Fluss entlang, z. B. auf dem Leinpfad, deutlich entspannter zu.

◀ Beachfeeling in Wiesbaden

Rebstöcke überall

VERANSTALTUNGS-KALENDER

Wein und Geselligkeit gehören zusammen. Gerade im Rheingau, der Heimat so manchen guten Rieslings, genießt man die edlen Tropfen nicht allein, sondern trifft sich gern in geselliger Runde. Entsprechend umfangreich ist der Kalender der jährlichen Feste. In der warmen Jahreszeit vergeht kaum ein Wochenende, an dem nicht irgendwo wenigstens ein lokales Weinfest gefeiert wird. Betrachten Sie also die folgende Auswahl lediglich als Inspiration dafür, sich selbst einmal umzuschauen. Vom Volksfest bis zur Hochkultur wird vieles geboten.

JANUAR/FEBRUAR

Zu Beginn des Jahres sind in vielen Orten des Rheingaus die Narren los. Wiesbaden kann sich zwar nicht mit der Karnevalshochburg Mainz messen, dennoch zieht der Umzug am **Faschingssonntag** regelmäßig über 100.000 Besucher in die Stadt. Auch der **Rosenmontagszug** in Kiedrich gehört mit tausenden Besuchern zu den bedeutendsten der Region. Bei der **Kiedricher Schnorrer-Rallye** schnorren Maskierte in den Kneipen des Ortes, die besten Kostüme werden am Ende prämiert.

MÄRZ/APRIL

Anfang März reist die Elite der Köche in die Region. In vielen Restaurants treffen dann bei Events im Rahmen des **Rheingau Gourmet & Wein Festivals** Spitzenküche auf Spitzenwein. Weniger elitär wird es Ende April. Dann nehmen rund 100 Winzer und Gastronomiebetriebe an den **Rheingauer Schlemmerwochen** teil. Vom Spitzenrestaurant bis zum Gutsausschank ist für jeden Geschmack und Geldbeutel das Passende dabei. Ein umfangreiches Rahmenprogramm, z.B. mit Kellerführungen oder Musikevents, zieht zahlreiche Gäste an.

MAI

Am Himmelfahrtswochenende treffen sich Oldtimer-Freunde mit Fahrzeugen aus allen Epochen der Automobilgeschichte zu den **ADAC Ransel-Classics** in Lorch. Neben den aktiven Teilnehmern sind viele Schaulustige vor Ort. Ende des Monats bestimmen das glänzende Chrom und der polierte Lack der Oldtimer für ein paar Tage das Bild auf den Straßen der Landeshauptstadt und Umgebung. Bei der **Oldtimer-Rallye Wiesbaden** präsentieren die Teilnehmer ihre gepflegten Liebhaberstücke aus den ersten Jahrzehnten automobiler Fortbewegung.

JUNI

Selten sieht man so viele Harley-Davidson-Maschinen auf einmal wie im Juni im Rheingau. Während der **Magic Bike Rüdesheim** zeigen die Eigentümer ihre gepflegten und individuell umgebauten Liebhaberstücke. Geführte Ausfahrten durch das Rheintal und den Taunus, Veranstaltungen rund um die Kultmaschinen sowie Konzerte runden das Programm ab. Ende Juni verstummen die Motoren auf den Bundesstraßen 42 und 9 zwischen Koblenz und Rüdesheim bzw. Bingen. Für einen Tag werden die für die Region wichtigen Verkehrsadern gesperrt. Tal total – am letzten Sonntag des Monats dürfen Radfahrer und Inlineskater Besitz vom sonst viel befahrenen Asphalt ergreifen.

JULI

Eltville feiert gern. Wenige Wochen nach dem Erdbeerfest im Juni würdigt man beim Sekt- und Biedermeierfest das perlende Getränk in Kostümen des frühen 19. Jahrhunderts. Nicht um einen Großbrand, sondern um zahlreiche Feuerwerksinstallationen, die die Landschaft bei Rüdesheim in Szene setzen, handelt es sich bei Rhein in Flammen. Zahlreiche Partys und buntes Treiben am Ufer umrahmen das Spektakel, welches am besten von einem der rund 50 illuminierten Schiffe zu beobachten ist.

AUGUST

Von Klassik bis Swing reicht die Palette der Veranstaltungen, die im Rahmen der Burghofspiele zahlreiche bekannte und junge Künstler sowie Ensembles in den Rheingau bringen. Die um Wiesbaden und Eltville stattfindenden Festspiele beginnen im Juli und verteilen sich bis in den September. Ebenfalls den ganzen Sommer lang dauert das überregional bekannte Rheingau-Musikfestival. Hochkarätige Künstler stehen Jahr für Jahr auf dem Programm, die Spielstätten verteilen sich auf die gesamte Region.

Das wohl größte Weinfest des Rheingaus, die Wiesbadener Weinwoche, huldigt Mitte August zehn Tage lang Riesling und Co.

SEPTEMBER/OKTOBER

Viele Winzer nehmen im September an den Tagen der offenen Weinkeller teil und führen Gäste zu den Orten, wo die edlen Tropfen reifen. Der 3. Oktober steht in Hattenheim unter dem Motto Natur pur. Hattenheimer Winzer laden zum Wandern und Genießen in die Weinberge ein – und viele kommen. In Lorch-Ransel feiert man mit dem Erntedank- und Herbstfest Saisonausklang im Freilichtmuseum. Das Lorcher Zwibbelkuche-Fest widmet sich an einem Oktoberwochenende der klassischen, den Weingenuss im Rheingau begleitenden Speise. Bei den Tagen des Federweissen in Rüdesheim strömen an zwei Wochenenden Gäste in die Stadt.

NOVEMBER/DEZEMBER

Genussvolle Geselligkeit steht Anfang November bei den Glorreichen Rheingau-Tagen auf dem Programm. Weingüter und Gastronomen vereinen ihr Können bei Gala-Dinners oder musikalisch begleiteten Themenabenden. Das Jahr klingt im Rheingau, wie überall in Deutschland, mit Weihnachtsmärkten aus. Hervorzuheben ist an dieser Stelle der Weihnachtsmarkt der Nationen in Rüdesheim. In Wiesbaden öffnet bereits am Dienstag nach Totensonntag der Sternschnuppenmarkt – für nicht wenige der schönste Weihnachtsmarkt überhaupt. Bis zum 23. Dezember schlendern tausende Besucher aus dem In- und Ausland über den stimmungsvoll in Blau-Gelb geschmückten Schlossplatz.

WIESBADEN UND UMGEBUNG

Die Wurzeln der Stadt mit der großen Kurtradition reichen zurück bis in die Römerzeit, bereits damals erkannte man den Nutzen der bis zu 70 Grad heißen Mineralquellen. Als die Nassauer ihre Residenz hierher verlegten, bekam das Kurwesen zusätzlichen Aufschwung. Repräsentative Bauten im Zentrum zeugen heute noch davon. Typisch für die Außenbezirke sind gepflegte Villenviertel, welche teilweise eingerahmt von Weinbergen sind. Am Rheinufer herrscht fast mediterranes Flair. Die zweitgrößte Stadt Hessens, Heimat von etwa 290.000 Menschen, hat jedoch auch ein modernes Gesicht. Die heutige Landeshauptstadt ist ein bedeutendes Wirtschafts- und Verwaltungszentrum.

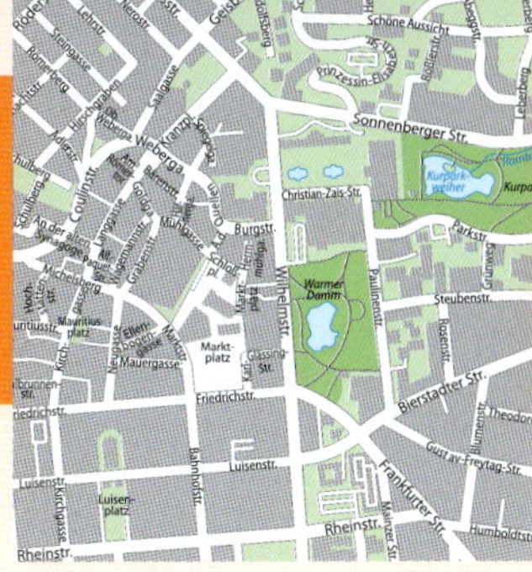

siehe große Karte S. 14

ANREISE

Auto Wiesbaden liegt nahezu in der Mitte Deutschlands und ist aus allen Richtungen gut über das Autobahnnetz zu erreichen. Die A3 und A5 treffen irgendwann auf die A66, von der aus sich über die Ausfahrten 3, 4, 5 und 6 das Stadtgebiet vom Süden aus anfahren lässt.

Bahn Aus praktisch allen größeren Städten Deutschlands wird Frankfurt im Fernverkehr direkt angefahren. Für die Anreise aus Richtung Köln steht die schnelle ICE-Strecke zur Verfügung. Von Frankfurt aus gelangt man weiter mit der S-Bahn in die Landeshauptstadt.

REISEINFORMATION

Tourist-Information Marktplatz 1 • 65183 Wiesbaden • Tel.: 0611 1729930 • www.wiesbaden.de • Mo.–Sa. 10–18 Uhr, So. (nur Apr.–Sept.) 11–15 Uhr • Service-Point am Hauptbahnhof • Tel.: 0611 45022408 • Mo.–Fr. 6–20 Uhr, Sa. 10–17.30 Uhr

Henkell-Stammsitz

NICHT VERPASSEN! Ein Bummel entlang der **Wilhelmstraße** führt vorbei an vielen Bauwerken aus der Zeit, als Wiesbaden zu einer der bedeutendsten Kurstädte überhaupt wurde. Das **Hessische Staatstheater** oder das **Museum Wiesbaden** machen die Stadt zum kulturellen Zentrum. Und die **Henkell-Sektkellerei** steht als Symbol für die regionale Tradition der Wein- und Sektherstellung. Den besten Überblick über Wiesbaden gewinnt man vom **Neroberg** aus, diesen erreicht man mit der **Nerobergbahn**.

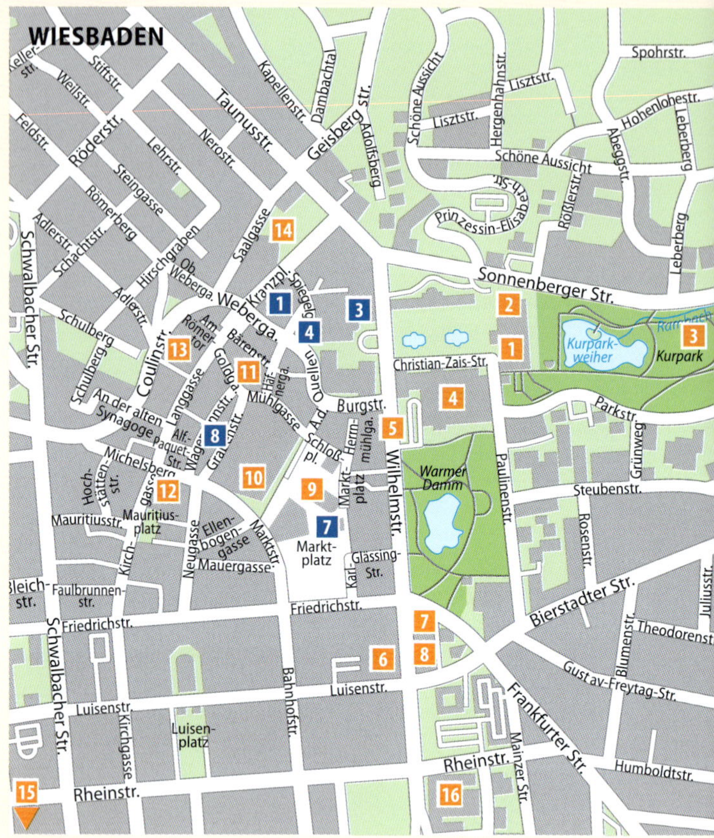

WIESBADEN

1 Kurhaus S. 15
2 Spielbank S. 15
3 Kurpark S. 16
4 Hessisches Staatstheater S. 17
5 Wilhelmstraße S. 17
6 Confiserie Kunder S. 18
7 Villa Clementine S. 18
8 Nassauischer Kunstverein S. 19
9 Marktkirche S. 20
10 Stadtschloss S. 20
11 StadtStück S. 21
12 Café Maldaner S. 21
13 Kaiser-Friedrich-Therme S. 22
14 Kochbrunnen S. 22
15 Frauenmuseum S. 22
16 Museum Wiesbaden S. 23

ÜBERNACHTUNG UND GASTRONOMIE

1 Hotel Schwarzer Bock S. 121
3 Nassauer Hof S. 121
4 Hotel Drei Lilien S. 122
7 Lumen S. 122
8 Webers Wikinger S. 122

Spielbank

1 KURHAUS S. 14

Den repräsentativen Bau mit der 21 Meter hohen Kuppel im Foyer entwarf Friedrich von Thiersch, der Schöpfer der Frankfurter Festhalle und des Münchner Justizpalastes. Zur Fertigstellung 1907 boomte das Kurwesen in der Stadt, sowohl die Einwohnerzahl als auch die Zahl der Kurgäste hatten sich in den sechs Jahrzehnten davor etwa verzehnfacht. Somit erwies sich der relativ bescheidene, rund hundert Jahre an gleicher Stelle befindliche Vorgängerbau als zu klein und wurde abgerissen. Das noch heute zu den schönsten Bauten seiner Art gehörende Kurhaus beherbergt im Südflügel u.a. einen großen Veranstaltungssaal mit 1.350 Plätzen sowie mehrere kleinere Gesellschaftsräume. Einer davon, der Muschelsaal, ist durch seine eindrucksvollen Jugendstilfresken besonders hervorzuheben. Im Nordflügel befindet sich neben der Spielbank das mit in Frankreich zusammengetragenen Gegenständen stilecht möblierte „Käfer'S Bistro".

Kurhausplatz 1 • 65189 Wiesbaden • Tel.: 0611 1729100 • www.kurhaus-wiesbaden.de • Bistro: Tel.: 0611 53 5200 • Mo.–Do. 11.30–1 Uhr, Fr.–Sa. 11.30–2 Uhr, So. 11–1 Uhr

2 SPIELBANK S. 14

TOP-TIPP

Ab 1771 gehörte Wiesbaden zu den ausgewählten Orten, denen der Fürst von Nassau-Usingen eine Konzession für das Glücksspiel verlieh. Mit den Einnahmen aus der Spielbank sollten die für den Kurbetrieb nötigen Infrastrukturen finanziert werden. Nach der Übernahme Nassaus durch Preußen wurde das Glücksspiel verboten.

Im Kurpark

Erst nach dem Ende des Zweiten Weltkrieges rollte die Roulettekugel wieder. Heute frönen die Freunde des klassischen Spiels im ehemaligen Weinsaal ihrer Leidenschaft. Besucher sollten auf eine angemessene Kleidung achten und aller Faszination zum Trotz ihre materiellen Möglichkeiten im Auge behalten. Als mahnendes Beispiel sei Fjodor Dostojewski erwähnt. Der russische Schriftsteller verließ das Gebäude seinerzeit finanziell deutlich erleichtert. Seine Erfahrungen in „Roulettenburg" sind literarisch verarbeitet nachzulesen im Roman „Der Spieler". Der Automatenbereich befindet sich in den nördlichen Kurhauskolonnaden.

Kurhausplatz 1 • 65189 Wiesbaden • Tel.: 0611 536100 • www.spielbank-wiesbaden.de • Klassisches Spiel: So.–Do. 14.45–3 Uhr, Fr./Sa. 14.45–4 Uhr, Automatenspiel: tägl. 12–4 Uhr

3 KURPARK S. 14

Angelegt wurde der Park Mitte des 19. Jahrhunderts. Auf dem Teich mit der sechs Meter hohen Fontäne lassen sich mit vor Ort ausgeliehenen Booten beschauliche Runden drehen. Der Baumbestand – darunter viele Rhododendren, Azaleen und Magnolien – kann zum Teil auf ein stattliches Alter verweisen. Auf den Rasenflächen finden gelegentlich Konzerte namhafter Rock- und Popgrößen sowie sportliche Events statt. Zum Flanieren lädt nicht nur der Bereich um den Kurparkteich ein. An einer Stelle entdeckt man beispielsweise ein paar Säulen des alten Kulturhauses. Diese wurden beim Abriss des Gebäudes zu Beginn des 20. Jahrhunderts hier aufgestellt. Die Parkanlagen erstrecken sich den Rambach bzw. den Aukammbach entlang vorbei an den heutigen Kureinrichtungen in die Stadtteile Aukamm und Sonnenberg.

Bootsverleih Krause (im Kurpark) • Tel.: 0611 4504829 • Mai–Okt. Mi.–Fr. 15–18 Uhr, Sa./So. 11–18 Uhr

4 HESSISCHES STAATSTHEATER

S. 14

Pro Jahr bringt das Haus rund 30 Neuinszenierungen auf die Bühne. Das Spektrum reicht dabei von Klassikern bis zu modernen Werken; Freunde aller Sparten – vom Schauspiel über Ballett bis zum Musiktheater – kommen auf ihre Kosten. Kaiser Wilhelm II. war zur Eröffnung 1894 präsent. Ein Bühnenbrand und Zerstörungen im Zweiten Weltkrieg zogen leichte bauliche Veränderungen nach sich, dennoch hat das Haus viel von seinem ursprünglichen Charme bewahrt. Während der jährlichen Maifestspiele gastieren namhafte Ensembles des Auslands im Haus.

Christian-Zais-Straße 3 • 65189 Wiesbaden • Tel.: 0611 132325 • www.staatstheater-wiesbaden.de

5 WILHELMSTRASSE

S. 14

Die Wiesbadener nennen ihre Flaniermeile „die Rue". Vom „Bowling Green", dem Kurhausvorplatz, bis hinunter zur Rheinstraße stellt die Wilhelmstraße eine Verbindung zwischen Altstadt und Kurviertel dar. An der Westseite reihen sich Prachtbauten aus verschiedenen Jahrzehnten des 19. Jahrhunderts aneinander, noble Hotels und edle Geschäfte ziehen die Gäste an. Die Ostseite ist unbebaut, hier schließt sich der „Warme Damm" an, ein Landschaftspark mit artenreichem Baumbestand und einem aus den heißen Quellen der Stadt gespeisten Teich.

Hessisches Staatstheater

Confiserie Kunder

6 CONFISERIE KUNDER

S. 14

Schon das Haus in der Wilhelmstraße/Ecke Luisenstraße hat Stil. Fritz Kunder und seine Frau Hermine gründeten an der Schwelle zum 20. Jahrhundert ihr Konditorei-Café in der Nähe des heutigen Standortes. Das Geschäft entwickelte sich zu einer Wiesbadener Institution, wurde bekannt z.B. durch die Original Wiesbadener Ananastörtchen der Kunders. Noch heute werden diese und zahlreiche weitere Spezialitäten im Café serviert, dazu wandern die Produkte der hauseigenen, in den 1960er Jahren gegründeten Schokoladen- und Pralinenmanufaktur über den Ladentisch. Ein „Teufelsbirnchen" oder ein „Pfläumchen mit Pfiff" sollte man sich nicht entgehen lassen.

Stammhaus Chocolateria • Wilhelmstraße 12 • 65185 Wiesbaden • Tel.: 06 11 301598 • www.kunder-confiserie.de • Mo.–Fr. 9–18.30 Uhr, Sa. 9–16 Uhr

7 VILLA CLEMENTINE

S. 14

Der Architekt Georg Friedrich Fürstchen, Schöpfer des Biebricher Rathauses, baute die Villa in den 1870ern für einen Fabrikanten. Spätere Besitzer nutzten das Gebäude als Bank oder Arztpraxis; heute hat in der wohl schönsten Villa der Stadt die Literatur ein Zuhause gefunden. Hier treffen sich Schriftsteller, Übersetzer, Lektoren und Verleger, aber auch einfach an Literatur interessierte Menschen. Ein Café und eine „Bücher-Ausleihstelle" sind vorhanden, regelmäßig finden Lesungen und Diskussionsveranstaltungen statt. Übrigens erinnert eine Tür im Kellergeschoss mit der Aufschrift „Kontor" an die Dreharbeiten im Haus zur TV-Serie „Die Buddenbrooks" in den 1970er Jahren.

Literaturhaus Villa Clementine • Frankfurter Straße 1 • 65189 Wiesbaden • Tel.: 0611 315745 • www.literatur-in-wiesbaden.de • Café: Di.–Fr. 12–18 Uhr, Sa./So. 10–18 Uhr

8 NASSAUISCHER KUNSTVEREIN S. 14

Bereits 1847 gründeten Wiesbadener Bürger den Verein als „Gesellschaft der Freunde bildender Kunst". Seit 1979 befindet sich der Sitz am gegenwärtigen Ort. Heute besteht die Hauptaufgabe aus der Förderung junger experimenteller Künstler aus dem In- und Ausland. Neben entsprechenden Ausstellungen werden begleitende Veranstaltungen wie z.B. Gespräche oder auch Kunstreisen organisiert. Jährlich vergibt der Verein ein „Follow-Fluxus"-Stipendium. Damit sollen Künstler Unterstützung erhalten, die sich dem Geist der radikalen experimentellen, in der Mitte des 20. Jahrhunderts entstandenen Fluxus-Bewegung verbunden fühlen. Fluxus – vereinfacht gesagt – als eine Wiederentdeckung des Dadaismus, forderte von Künstlern unkonventionelle Antworten auf die Fragen der Zeit. Statt die Ideale der damals in die Gesellschaft integrierten Künstler bedenkenlos zu übernehmen, setzten sich die Väter der Bewegung (dazu gehören u.a. George Maciunas, Joseph Beuys, aber auch Yoko Ono) mit Zufällen und Widersprüchen auseinander. Dabei entstanden interessante Arbeiten. Über die aktuellen Ausstellungsprojekte informiert die Website.

Wilhelmstraße 15 • 65185 Wiesbaden • Tel.: 0611 301136 • www.kunstverein-wiesbaden.de • Di. 14–20 Uhr, Mi.–Fr. 14–18 Uhr, Sa./So. 11–18 Uhr

WIESBADENER PRINZENRAUB

Im Sommer 1888 war die Villa Clementine Schauplatz eines politischen Skandals. Natalia, Königin von Serbien, mietete das Gebäude, nachdem sie sich von ihrem Mann, dem serbischen König Milan, getrennt hatte. Sie lebte dort mit ihrem zwölfjährigen Sohn Alexander, wollte diesem – so hatten es die Eltern vereinbart – in der Stadt die für die Ausübung der Regentschaft nötigen Fähigkeiten zukommen lassen. Am 13. Juli 1888 ließ der König entgegen der ursprünglichen Abmachung seinen Sohn unter Mithilfe deutscher Behörden aus der Villa entführen und per Eisenbahn nach Belgrad bringen. Hintergrund: Milan, beim Volk wenig beliebt, hoffte, politische Konflikte in seinem Land besser im Hintergrund lösen zu können. Sein Plan sah vor, dass nach seinem Rücktritt sein Sohn Alexander formell sein Nachfolger werden sollte, er selbst aber im Hintergrund unbehelligt von politischen Gegnern weiter die Geschicke Serbiens in seinem Sinne bestimmen konnte.

Marktkirche

9 MARKTKIRCHE S. 14

Der markante fünftürmige Bau der Marktkirche ist auch heute noch das höchste Gebäude der Landeshauptstadt. Carl Boos, der Architekt, hatte bei seinen Planungen Schinkels Friedrichswerdersche Kirche zum Vorbild genommen. Die Verwendung des für die Region eher untypischen Backsteins als Baumaterial war nicht unumstritten. Die Einweihung des umgangssprachlich „Nassauischer Landesdom" genannten Gotteshauses fand am 13. November 1862 statt. Ab 1890 wirkte Max Reger als Organist in der Kirche. Hörenswert ist auch das aus 49 Bronzeglocken bestehende Glockenspiel, welches jeden Samstag um 12 Uhr erklingt.

Schlossplatz 4 • 65183 Wiesbaden • Tel.: 0611 9001611 • www.marktkirche-wiesbaden.de • Di.–Fr. 14–18 Uhr, Sa. 10–11.30/12–14 Uhr, So. 14–17 Uhr

10 STADTSCHLOSS S. 14

Herzog Wilhelm I. von Nassau wollte durch seinen neuen Regierungssitz Bürgernähe zeigen. Das schien nötig, denn in den Jahren zuvor hatten sich viele Wiesbadener etwas brüskiert gefühlt. Der Herrscher hatte fern des Stadtkerns am Rheinufer residiert. Zudem hatte man die Kuranlagen nach Meinung vieler Wiesbadener zu weit außerhalb des Stadtkerns geplant. Der Bau des Stadtschlosses sollte Kritiker besänftigen. Wilhelms Sohn Adolf I. zog 1841 nach dem Tod seines Vaters, der die Fertigstellung nicht mehr erlebte, ein. Heute ist das Gebäude zusammen mit dem angrenzenden Kavaliersbau und dem Wilhelmsbau Sitz des Hessischen Landtages. Gegen-

Stadtschloss – Sitz des Landtags

über befindet sich das 1887 fertiggestellte Neue Rathaus. Der vom Architekten des Neuen Münchner Rathauses geschaffene Neorenaissancebau übertraf einst an Pracht sogar das Stadtschloss, wurde aber nach Zerstörungen im Zweiten Weltkrieg lediglich vereinfacht wiederaufgebaut. Daneben findet sich das eher unscheinbare, 1610 vollendete Alte Rathaus.

Schlossplatz 1–3 • 65183 Wiesbaden

11 STADTSTÜCK

S. 14

Souvenirs können, müssen aber nicht kitschig sein. Der kleine Laden bietet ein breites Sortiment an Produkten, die einen Bezug zu Wiesbaden oder der Region haben. Dabei stehen künstlerisch-kreative Unikate neben Büchern und Karten, kulinarische Besonderheiten neben klassischen Mitbringseln. Und ganz ohne eine angenehme Portion Kitsch geht es dann natürlich doch nicht.

Goldgasse 5 • 65183 Wiesbaden • Tel.: 0611 89044223 • www.stadtstueck.de • Mo.–Fr. 10–18.30, Sa. 10–16 Uhr

12 CAFÉ MALDANER

S. 14

Seit über 150 Jahren ist in der Fußgängerzone unweit vom Landtag ein Stück Wiener Kaffeehauskultur beheimatet. Aus der eigenen Konditorei kommen die edlen Tortenkreationen, man genießt im historischen, gediegenen Ambiente von Stuckdecken und Holzvertäfelungen. Sogar die Möbel wurden im Stil der Kaiserzeit entworfen.

Marktstraße 34 • 65183 Wiesbaden • Tel.: 0611 305214 • www.maldaner1859.de • Mo.–Sa. 9.–18.30 Uhr, So. 10–18 Uhr

Kaiser-Friedrich-Therme

13 KAISER-FRIEDRICH-THERME S. 14

Von der Marktstraße zweigt nicht weit hinter dem Landtag die Langgasse ab. Nach kaum 200 Metern erkennen wir das Gebäude der Kaiser-Friedrich-Therme. Eröffnet im Jahr 1913, errichtet im Jugendstil und inspiriert von der römischen Badekultur, bietet die Einrichtung bis in die Gegenwart Wellnessanwendungen und verschiedene Formen der Saunakultur auf hohem Niveau. Am ersten Freitag im Monat um 8.30 Uhr finden Führungen durch das um die Jahrtausendwende sanierte Gebäude statt. Ein telefonische Anmeldung hierfür ist erforderlich.

Langgasse 38–40 • 65183 Wiesbaden • Tel.: 0611 317060 • Mo.–Do./So. 10–22 Uhr, Fr./Sa. 10–24 Uhr (Di. ist Damentag)

14 KOCHBRUNNEN S. 14

Die bekannteste Quelle der Stadt gehört zu den heißesten überhaupt. Das 66 Grad warme Wasser wird zu Heilzwecken, aber auch zur Beheizung des Rathauses verwendet. Am Kochbrunnenplatz unter dem frei zugänglichen Pavillon tritt ein Teil des natriumchloridhaltigen Wassers in einer Trinkanlage zutage.

Kochbrunnenplatz • 65183 Wiesbaden

15 FRAUENMUSEUM S. 14

Das 1984 gegründete, in Trägerschaft des gemeinnützigen Vereins „Frauenwerkstatt Wiesbaden e.V." stehende Museum reflektiert in unterschiedlichen Ausstellungen und Veranstaltungen die Lebenswelten von Frauen in Geschichte und Gegenwart. Die Dauerausstellung zeigt verschiedene Darstellungen von Frauen und verdeutlicht die Verbindung von Weisheit und Weiblichkeit in Mythen verschiedener Kulturkreise sowie die daraus wachsende Verehrung von Göttinnen. Die wechselnden Sonderschauen stellen in der Regel die Arbeiten von Künstlerinnen zur Schau. Damit wird deren Sicht auf die Dinge, aber auch die Rolle der Frau in Alltag und Gesellschaft aufgezeigt. Zu den Ausstellungen werden eine Reihe begleitender Veranstaltungen organisiert, ein Blick auf die Website zeigt aktuelle, meist interdisziplinäre Projekte, die sich alle auf irgendeine Art um den Platz der Frau in der Welt sowie deren aktive Rolle bei Veränderungen drehen.

Wörthstraße 5 • 65185 Wiesbaden • Tel.: 0611 3081763 • www.frauenmuseum-wiesbaden.de • Mi./Do. 10–17 Uhr, Sa./So. 12–17 Uhr

16 MUSEUM WIESBADEN

S. 14

ENTDECKER-TIPP

Kein Geringerer als Johann Wolfgang von Goethe soll den Kunstsammler Johann Isaak Freiherr von Gerning veranlasst haben, seine Sammlung zur generellen Verfügung zu stellen. Im Laufe der Jahrzehnte konnten die Bestände durch zahlreiche Neuerwerbungen erweitert werden, die Sammlung wurde zu einer der bedeutendsten ihrer Art in Deutschland. Heute bildet die Malerei des 19./20. Jahrhunderts einen Schwerpunkt, besonders hervorzuheben ist dabei der Bestand an Werken des russischen Expressionisten Alexej von Jawlensky. Einige Werke niederländischer und italienischer alter Meister laden ebenfalls zur Betrachtung ein. Daneben besteht als zweite Sparte eine naturgeschichtliche Samm-

Kochbrunnen

ALEXEJ VON JAWLENSKY

Ursprüngliche Pläne einer militärischen Laufbahn gab der etwa 1865 in der russischen Provinz geborene Offizierssohn Alexej von Jawlensky auf, nachdem er seine Leidenschaft und sein Talent für die Malerei entdeckte. Über die Vermittlung seines Mentors, des russischen Realisten Ilja Repin, gelangte er als 21-Jähriger an die vermögende Baronin und erfolgreiche Malerin Marianne von Werefkin. Durch sie kam der junge Mann 1896 nach Deutschland. Zu Beginn des Ersten Weltkrieges emigrierte der Künstler in die Schweiz. Im Jahr 1921 wurde er zu einer Ausstellung des Nassauischen Kunstvereins eingeladen. „Ich begegnete dort sehr netten Menschen und das bestimmte mich, meinen Wohnsitz in Wiesbaden zu nehmen", erinnerte er sich später. Bis zu seinem Tod 1941 sollte er in der Stadt wohnen bleiben. Sein Grab befindet sich auf dem russisch-orthodoxen Friedhof auf dem Neroberg.

lung. Diese ursprünglich in einem eigenständigen Museum untergebrachte Kollektion vereint Exponate aus den Bereichen Fauna und Flora. Begonnen mit der Sammlertätigkeit auf diesem Gebiet hatte der 1829 gegründete „Nassauische Verein für Naturkunde e.V.". In der von der wissenschaftlichen Sammlung getrennten, reinen Schausammlung wird wirkungsvoll dargestellt, mit welchen Antworten sich die Natur auf die Herausforderungen durch die in der Erdgeschichte permanent wechselnden äußeren Bedingungen eingestellt hat. Der Besucher erfährt, wie sich das Leben auf unserem Planeten im Laufe der Evolution gewandelt hat, sich in Formen und Farben sowie Zeit und Bewegung angepasst und zur heute wahrnehmbaren Umwelt geführt hat.

◀ Monopteros auf dem Neroberg

Hessisches Landesmuseum für Kunst und Natur • Friedrich-Ebert-Allee 2 • 65185 Wiesbaden • Tel.: 0611 3352250 • www.museum-wiesbaden.de • Mi./Fr.–So. 10–17 Uhr, Di./Do. 10–20 Uhr • barrierefreier Zugang auf der Rückseite Ecke Viktoria-Luise-Straße/Auguste-Viktoria-Straße

17 NEROBERG S. 38

TOP-TIPP

Schon die Fahrt auf den 245 Meter hohen Wiesbadener Hausberg im Norden der Stadt ist etwas Besonderes. Die Nerobergbahn gleitet beschaulich den Hang hinauf. Oben angelangt, kann man nach einem kurzen Fußweg zunächst vom 1851 errichteten Monopteros (antiker Tempel) einen Blick auf die Stadt und die Umgebung werfen. Man kann auch direkt – entsprechendes Wetter vorausgesetzt – das Opelbad betreten und von dort die grandiose Aussicht genießen. Immerhin liegt das Schwimmbecken der 1934 eröffneten, in den 1990ern technisch

Nerobergbahn

überholten Anlage rund 80 Meter höher als die Innenstadt. Bauherr und Namensgeber Wilhelm Opel, der Sohn des Autopioniers, wollte mit dem im Bauhausstil errichteten Bad Kurbetrieb und Tourismus ankurbeln. Einer Familientragödie verdankt die wenige Meter entfernt gelegene Russisch-Orthodoxe Kirche ihre Entstehung. Herzog Adolf I. heiratete 1844 die russische Prinzessin Elisabeth Michailowna. Nach nur einem Jahr Ehe verstarb diese jedoch im Alter von 19 Jahren bei der Geburt der gemeinsamen Tochter. Der Herzog ließ daraufhin die weithin sichtbare Kapelle auf dem Neroberg im Stil russischer Sakralbauten errichten. Nach der Fertigstellung wurden die Särge der verstorbenen Mutter und des Säuglings in die Kirche überführt. Im Jahr darauf fand die Weihe des russisch-orthodoxen Friedhofes statt. Das ummauerte Gelände unweit der Kirche hat die Form eines Kreuzes. Hier fand u. a. Alexej von Jawlens-

NEROBERGBAHN

Die Anlage wurde 1888 eröffnet. Bei der mit Ballast betriebenen Drahtseil-Zahnstangenbahn handelt es sich um eine technische Besonderheit. Die Wagen an der Bergstation erhalten durch Befüllung eines Tanks mit Wasser ein höheres Gewicht. Durch die Erdanziehungskraft wird der schwerere Wagen talwärts gedrückt und dabei der durch ein Seil an einer Umlenkrolle verbundene Wagen der Talstation nach oben gezogen. Simpel, aber wirkungsvoll: Auf 438 Metern werden 83 Meter Höhenunterschied in dreieinhalb Minuten Fahrzeit überwunden.

ky, der russische Expressionist, seine letzte Ruhe.

Nerobergbahn: Wilhelminenstraße 51 (Navi: Nerotal 66) • 65193 Wiesbaden • Tel.: 0611 2368500 • www.eswe-verkehr.de/nerobergbahn • Betrieb: Ostern–Okt. tägl. 10–19 Uhr, Mai–Aug. tägl. 9–20 Uhr, alle 15 min • Opelbad: Am Neroberg • 65193 Wiesbaden • Tel.: 0611 17464990 • Mai–Sept. tägl. 7–20 Uhr • Russisch-Orthodoxe Kirche: Christian-Spielmann-Weg 2 • 65193 Wiesbaden • Tel.: 0611 528494 • Apr. tägl. 10–17 Uhr, Mai–Okt. tägl. 10–18 Uhr (aufgrund von Gottesdiensten Sa. bis 16.45 und So. ab 12.30), Nov.–März tägl. 10–16 Uhr

18 FASANERIE

S. 38

Mitte des 18. Jahrhunderts gründete Fürst Karl von Nassau-Usingen hier eine Fasanenzucht, zeitgleich entstand das barocke Jagdschloss. Anfang des 20. Jahrhunderts ging das rund 25 Hektar große Areal in städtischen Besitz über. Im Jahr 1955 wurde der Tier- und Pflanzenpark Fasanerie eröffnet, heute leben rund 250 Tiere – zumeist heimische Wild- und Haustiere – in großzügigen Gehegen. Der Eintritt ist frei. Eine besondere Attraktion ist natürlich die Fütterung der Tiere, außer freitags um 11 Uhr bei Wolf, Bär und Luchs und um 15 Uhr bei den anderen Kleinräubern.

Wilfried-Ries-Straße 22 • 65195 Wiesbaden • Tel.: 0611 4090770 • www.wiesbaden.de/fasanerie • Apr.–Okt. tägl. 9–18 Uhr, Nov.–März tägl. 9–17 Uhr

Schloss Freudenberg

19 SCHLOSS FREUDENBERG

S. 38

„Der Besucher erfährt, wie das Auge sieht, das Ohr hört, die Nase riecht, die Haut fühlt, die Finger tasten, der Fuß (ver-)steht, die Hand (be-)greift, das Gehirn denkt, die Lunge atmet, das Blut pulst, der Körper schwingt. Die Wahrnehmung der Gesetze der eigenen Natur befähigt den Menschen, in den Erscheinungen der äußeren Natur die gleiche Gesetzlichkeit wahrzunehmen als auch zu wahren“, so der 1984 verstorbene Künstler und Pädagoge Hugo Kükelhaus über die von ihm initiierte Erlebnisausstellung im Schloss Freudenberg im Stadtteil Dotzheim. Treffender kann man es wohl kaum formulieren.

Schloss Freudenberg Gesellschaft Natur und Kunst e.V. • Freudenbergstraße 224–226 • 65201 Wiesbaden • Tel.:

0611 4110141 • www.schlossfreudenberg.de • März–Okt. Mo.–Fr. 9–17 Uhr, Sa./So. 11–18 Uhr, Nov.–Febr. (nur bei schönem Wetter) Di.–Fr. 9–16 Uhr, Sa./So. 11–18 Uhr, in den hessischen Ferien Di.–Fr. 10–17 Uhr, Sa./So. 11–18 Uhr

20 HENKELL S. 38

ENTDECKER-TIPP

Adam Henkell galt als einer der Ersten, die in Deutschland die Kunst der Sektherstellung beherrschten. Im Jahre 1832 gründete er in Mainz seine Weinhandlung. 1909 zog das Unternehmen in den damals noch eigenständigen Ort Biebrich. Aus dieser Zeit stammt das für den Sitz des Unternehmens errichtete palastartige Gebäude in der Biebricher Allee. Biebrich wurde erst 1926 nach Wiesbaden eingemeindet und ist mit rund 40.000 Einwohnern heute größter Stadtteil. Seit 1986 ist Henkell Bestandteil des Oettker-Konzerns und hat sich durch die Übernahme zahlreicher Marken zu einer der größten Firmen der Branche entwickelt. Bei einer Führung erfährt man Wissenswertes und Erstaunliches über das perlende Getränk. Ein kleiner Shop hält übrigens eine große Auswahl hauseigener Produkte zum Verkauf bereit.

Henkell und Co. Sektkellerei KG • Biebricher Allee 142 • 65187 Wiesbaden • Tel.: 0611 630 • www.henkell.de • Führung: Sa. 12 Uhr, im Sommer auch 12.30 Uhr, Tickets und Infos im Internet oder in der Tourist-Information Markt 1 • Shop im Stammhaus: Mo.–Fr. 10–19 Uhr, Sa. 10–18 Uhr

21 SCHLOSS BIEBRICH S. 38

Französische Prunkschlösser haben Georg August Samuel von Nassau auf seinen Reisen offenbar besonders beeindruckt – er beauftragte den durch einige Herrschaftsbauten bekannt gewordenen Architekten Maximilian von Welsch, ein barockes Schloss nach dem Vorbild der Kasseler Orangerie zu schaffen. Das Gebäude diente rund ein Jahrhundert als Hauptsitz, nach Fertigstellung des Stadtschlosses als Sommerresidenz der Nassauer. Heute benutzt die Landesregierung den Komplex für Termine, bei denen ein repräsentativer Rahmen erforderlich ist. Außerdem profitieren einige Behörden vom reichlichen Raumangebot. Im Keller der Rotunde befindet sich ein gastronomischer Betrieb. Frei zugänglich ist der ausgedehnte, ab 1720 angelegte und seither immer wieder veränderte Schlosspark. Beim Rundgang fällt eine auf den Grundmauern einer mittelalterlichen Burg errichtete künstliche Ruine auf. Seit 1949 strömen alljährlich zu Pfingsten zahlreiche Schaulustige zu einer großen Pferdesportveranstaltung in den Park.

Unweit vom Schloss, in der Rheingaustraße 137 in der sogenannten „Villa Annika“, hatte Richard Wagner 1862 einige Zimmer gemietet, um an der Oper „Die Meistersinger von Nürnberg“ zu arbeiten. Der

► Schloss Biebrich

Schiersteiner Hafen

Komponist weilte zwar lediglich ein Jahr in Biebrich, dennoch hat ihn das Städtchen am Rhein offenbar so stark beeindruckt, dass er zeitweise erwog, sein letztlich in Bayreuth entstandenes Festspielhaus hier zu errichten. Die „Villa Annika" ist nicht von innen zu besichtigen.

Rheingaustraße 140 • 65203 Wiesbaden • Schloss-Führungen: Tel.: 0611 66399 • Schlosspark ganzjährig frei zugänglich • Bistro und Kaffeehaus: Tel.: 0611 71695252 • Mi.–Fr. 17–23 Uhr, Sa. 11.30–23 Uhr, So. 11.30–21 Uhr

22 SCHIERSTEIN S. 38

Der am Rhein gelegene Stadtteil Schierstein ist Jachtbesitzern möglicherweise aufgrund des Hafens bekannt. In dem Mitte des 19. Jahrhunderts angelegten Becken schaukeln heute mehr oder weniger prächtige Liebhaberstücke von Freizeitkapitänen. An der Hafenpromenade lässt es sich gut flanieren. Außerdem dient das in seinen Ausmaßen dafür geeignete Hafenbecken als Austragungsort von Regatten bzw. als Trainingsstrecke für Wassersportler. Landeinwärts im Ortskern befindet sich eine der schönsten Rokokokirchen der Region. Außen relativ schlicht, beherbergt die Christophoruskirche bemerkenswerte Kunstschätze, darunter einige Tafelbilder aus dem 16. bis 18. Jahrhundert. Eine äußere Besonderheit fällt auf: Der Chor befindet sich entgegen allgemeiner Praxis nicht im Westen, sondern im Osten des Bauwerks. Die Kirche ist zudem Heimat der Schiersteiner Kantorei, einem 1962 gegründeten Konzertchor, welcher sich besonders der Pflege des musikalischen Erbes von Johann Sebastian Bach verpflichtet fühlt. Infos über aktuelle Aktivitäten gibt es auf der Website.

Rettbergaue

Evangelische Christophorusgemeinde • Bernhard-Schwarz-Straße 25 • 65201 Wiesbaden-Schierstein • Tel.: 0611 22350 • www.christophorusgemeinde-schierstein.de • Schiersteiner Kantorei • Wupperstraße 17 • 65201 Wiesbaden-Schierstein • Tel.: 0611 24280 • www.bach-wiesbaden.de/schiersteiner_kantorei.htm

23 RETTBERGSAUE S. 38

Es ist das Naherholungsgebiet der Wiesbadener im Sommer schlechthin, die Ferieninsel für stundenweisen Kurzurlaub. Die Rettbergsaue (3,1 km lang, bis zu 400 m breit) gehört zu den größten Rheininseln. Ein großer Teil steht unter Naturschutz, in den urwaldähnlichen Auwäldern finden seltene Tier- und Pflanzenarten einen ungestörten Lebensraum – ungestört nicht zuletzt aufgrund des fehlenden Autoverkehrs, denn die Besucher können die Insel nur per Fähre und zu Fuß von Ende April bis Mitte September betreten und wieder verlassen. Also sollte man unbedingt den Fahrplan im Blick behalten, die Personenfähre „Tamara" verkehrt ab dem Schiersteiner Hafen und dem Rheinufer in Biebrich. Im separaten Freizeitgelände auf der Rettbergsaue lockt ein Sandstrand zum Verweilen, diverse Sportanlagen wie z. B. ein Fußball- und ein Volleyballplatz fordern zur körperlich aktiven Freizeitgestaltung heraus. Ein Café in der Nähe des Fähranlegers bietet gastronomische Versorgung. Gern zum Baden genutzt (obwohl eigentlich offiziell verboten) wird ein ruhiger Seitenarm des Flusses. Campern steht ein Zeltplatz zur Verfügung. Zu beachten ist, dass keine Wohnmobile zugelassen sind und Pkw ebenfalls auf dem Festland bleiben müssen.
Wiesbadener Personenschifffahrt Ad-

rian Aidoiu • Lippestraße 2 • 65201 Wiesbaden • Tel.: 0171 9560511 • www.tamara-wiesbaden.de • Verkehr: Apr.–Sept. tägl. ca. 9–18 Uhr, während der hessischen Sommerferien tägl. bis ca. 20 Uhr

24 KASTEL S. 38

Der Stadtteil hatte aufgrund seiner Lage in den beiden letzten Jahrhunderten – ähnlich wie in der Römerzeit – eine große militärische Bedeutung. Bereits die Römer bauten hier einen Brückenübergang. Die heutige, 1885 fertiggestellte Theodor-Heuss-Brücke entwarf der Architekt des Wiesbadener Kurhauses Friedrich von Thiersch. Etwa ab der napoleonischen Ära wurde Kastel Garnisonsort, mehrere Bataillone waren hier stationiert. In dem mächtigen Reduit, einer ehemaligen Kaserne, informiert ein Museum über die Militärgeschichte. Gezeigt werden Uniformen und Gegenstände aus dem Armeealltag, daneben wird das tägliche Leben der „ganz normalen" Zivilbevölkerung dargestellt. In Kastel wartet eine weitere Besonderheit auf die Besucher: In den 1980er Jahren fand man bei Bauarbeiten mehr oder weniger zufällig die Reste eines römischen Ehrenbogens. Dieses Bauwerk – damals in der Nähe wichtiger Stra-

DIE AKK-STADTTEILE

Bei der Aufteilung Deutschlands in Besatzungszonen nach Ende des Zweiten Weltkrieges wurde in der Region der Rhein als Grenze zwischen der französischen und der amerikanischen Zone festgelegt. Damit gingen die bisherigen rechtsrheinischen Stadtteile von Mainz an das von der US-Armee besetzte Hessen, die Kernstadt von Mainz blieb unter französischer Hoheit und wurde später Landeshauptstadt von Rheinland-Pfalz. Während die drei ehemaligen Mainzer Enklaven südlich der Mainmündung heute zwei selbstständige hessische Gemeinden bilden, gehören Amöneburg, Kostheim und Kastel (nach den Anfangsbuchstaben auch kurz AKK genannt) zur hessischen Landeshauptstadt Wiesbaden. Dennoch tragen die Ortsschilder von Kastel und Kostheim den Zusatz „Mainz-". Seit Kriegsende gab es immer wieder Bemühungen, diesen Status zu ändern oder wenigstens zu überprüfen. Im Jahre 1984 gab es eine Bürgerbefragung in den AKK-Bezirken, demnach fühlten sich rund zwei Drittel Mainz zugehörig, lediglich ein Drittel wollte weiter vom Wiesbadener Rat regiert werden. Allerdings hatte die Umfrage mehr oder weniger informellen Charakter. Verwirrend ist die Sache ohnehin: Die Postleitzahl von Kastel und Kostheim beginnt mit der Mainzer 55, Amöneburg wird aus dem Wiesbadener Verteilzentrum 65 bedient. Ähnliche Probleme gibt es beim ÖPNV. Seither wird das Thema in der Lokalpolitik immer mal wieder aufgegriffen, geht es doch um nicht unbeträchtliche Steuereinnahmen aus den drei Bezirken mit rund 30.000 Einwohnern und sehr gut ausgelasteten Gewerbeflächen.

Trajanus-Saal im Museum Castellum

ßen sowie dem für den Ortsnamen verantwortlichen Kastell gelegen – sollte den Machtanspruch der Römer auf das Gebiet deutlich sichtbar symbolisieren. Im Museum wird dieses Stück römischer Monumentalarchitektur lebendig.

Gesellschaft für Heimatgeschichte Kastel e.V. • Museum Castellum: Reduit/Kasteler Museumsufer • Museum Römischer Ehrenbogen: Große Kirchenstraße 5–13 • 55252 Mainz-Kastel • Tel.: 06134 3763 • www.museum-castellum.de • Apr.–Nov. So. 10.30–12.30 Uhr

25 MAARAUE S. 38

Vom 15 Meter hohen Aussichtsturm im Mainhafen von Mainz-Kostheim überblickt man die Maaraue und sieht die Städte Wiesbaden und Mainz aus reizvoller Perspektive. Die 74 Hektar große Maaraue an der Mündung des Mains in den Rhein ist aufgrund des schmalen, nur in Hochwasserzeiten überfluteten Landzugangs eigentlich eine Halbinsel. Sport und Freizeit stehen hier im Mittelpunkt, ein Platz für Campingfreunde sowie mehrere Sportanlagen stehen zur Verfügung. Zudem befindet sich hier eines der größten Freibäder der Region. Die Maaraue hat im Gegensatz zur Rettbergsaue nur wenige naturbelassene Bereiche zu bieten, dafür bestehen aber keine zeitlichen, von Fahrplänen abhängigen Zugangsbeschränkungen. Historiker bringen die Maaraue mit einem Ereignis des Jahres 1184 in Verbindung. In diesem Jahr wurde dort von Kaiser Friedrich Barbarossa der Mainzer Hoftag abgehalten. Am Pfingstsonntag begannen die Feierlichkeiten, je nach Quelle nahmen daran 40.000 bis 70.000 Gäste teil. Eigens für diesen Anlass wurden zahlreiche Zelte und Holzbauten errichtet. Allerdings setzte ein schweres Unwetter, wegen dem Todesopfer zu beklagen waren, dem Ritual ein vorzeitiges Ende.

26 SCHLANGENBAD S. 38

Ein paar Kilometer hinter Wiesbaden, im Rheingauer Teil des Taunus, liegt der kleine Ort Schlangenbad. Der Ortsname der 6.000-Einwohner-Gemeinde weist auf die hier vorkommende, in Mitteleuropa wenig verbreitete und eher am Mittelmeer beheimatete Äskulapnatter hin. „Der Ort mit der Zeit", so der Werbeslogan, scheint tatsächlich etwas weniger hektisch als der Rest der Welt zu sein. Kurgäste schätzten auch hier schon bereits vor Jahrhunderten die heilende Wirkung des örtlichen Quellwassers. Tanja Sinzig-Huskamp verkauft in ihrer Apothe-

WEINREGION WIESBADEN

Weinrecht ist mitunter kompliziert. Zum Weinbaugebiet „Rheingau" gehört ein 1,4 Hektar großer Weinberg am Böddiger Berg. Kurios wird die Sache, wenn man bedenkt, dass sich jener Böddiger Berg rund 20 Kilometer südlich von Kassel befindet und damit eine Entfernung von geschätzt 150 Kilometern bis zum Strom aufweist. Eine weitere Rheingauer Exklave gibt es in Frankfurt am Lohrberger Hang. Das Kerngebiet des Rheingaus beginnt jedoch weiter westlich – ebenfalls am Main. Spätestens seit dem Besuch der britischen Königin Victoria am 15. August 1845 erfreut sich der in **Hochheim am Main** erzeugte Wein internationaler Beliebtheit. Die Majestät soll sich ihrerzeit auf dem Weinberg „Dechantenruhe" begeistert Trauben in den Mund gestopft haben und daraufhin dem Eigentümer gestattet haben, die Lage künftig **Königin Victoriaberg** zu nennen. Ein Denkmal erinnert heute noch daran. „A good Hock keeps off the doc" – so brachten die Briten damals ihre Begeisterung zum Ausdruck. „Hock", vereinfacht für „Hochheimer", wurde im 19. Jahrhundert im englischen Sprachraum zum Synonym für deutschen Wein. Eine solche Vereinfachung ist natürlich sehr oberflächlich. Aufgrund schwerer, mineralischer Böden sind die Weine von hier oft wuchtiger. Das nahe Wiesbaden verfügt auch über einige Weinlagen, besonders in den Randgebieten, hat sich jedoch eine Bedeutung als Stadt des Weinhandels und der Sektherstellung erarbeitet. Einen Überblick über die Produkte der hiesigen Winzer verschafft man sich an den Weinprobierständen. Diese haben in der Regel von Ostern bis Oktober an den Wochenenden nachmittags geöffnet. **Weinprobierstände** gibt es am Weiher in Hochheim, in Flörsheim am Mainufer sowie im Ortsteil Wicker in der Taunusstraße. In Wiesbaden findet man entsprechende Einrichtungen am Schiersteiner Hafen (Hans-Römer-Platz), am Biebricher Rheinufer sowie am Wochenmarkt am Dernschen Gelände. Letzterer hat nur am Samstagvormittag während des Wochenmarktes geöffnet. Gut besucht ist auch der Weinprobierstand Mainz-Kostheim am Mainufer.

Parkhotel Schlangenbad

ke einzigartige Hautpflegeprodukte, hergestellt aus eben diesem Wasser und unter Verwendung bedarfsgerecht dosierter, hochwertiger Rohstoffe.

Schlangen-Apotheke • Rheingauer Straße 27 • 65388 Schlangenbad • Tel.: 06129 8808 • www.schlangen-apotheke.de • Mo.–Fr. 8.30–13/15–18 Uhr, Sa. 8.30–13 Uhr

27 TAUNUS-WUNDERLAND S. 38

☺

Zwei Kilometer nördlich von Schlangenbad wird es dagegen lebendig. Der ursprünglich an Kleinkinder gerichtete Märchenwald mit Streichelzoo gelangte 1999 in die Hände neuer Eigentümer. Diese installierten nach und nach zahlreiche Fahrgeschäfte wie z. B. eine Wildwasser-Achterbahn und Schiffsschaukel sowie einen Autoskooter und Free-Fall-Tower. Heute richtet sich das Angebot des modernen Freizeitparks an alle Altersklassen, von der Hüpfburg und dem Bällebad für die Jüngsten bis zum Minigolf und dem Grillplatz für die Ruhe suchende, reifere Generation.

Haus zur Schanze 1 • 65388 Schlangenbad • Tel.: 06124 4081 • www.taunuswunderland.de • Ende März–Okt. tägl. 9.30–18 Uhr

28 BAD SCHWALBACH S. 38

☺

Das 11.000-Einwohner-Städtchen, Sitz der Verwaltung des Rhein-Taunus-Kreises, kann auf eine lange Kurtradition zurückblicken. Bereits im 16. Jahrhundert machte man sich die Heilquellen zunutze. Einen Eindruck vom Flair des Kurorts in früheren Zeiten vermittelt die Ausstellung in der ehemaligen Grundschule. Dargestellt wird, wie Kuranwendungen stattfanden und die Kurgäste gesellschaftlich verkehrten und welche Eindrücke Kaiserin Sissi von Österreich, Theodor Fontane oder Theodore Roosevelt von ihren Aufenthalten hier mit nach Hause nahmen. Eine frühere, in dieser Form am Ort befindliche Apotheke ist in einer Rekonstruktion zu bewundern. Neben dem Museumsbesuch sollte man einen Bummel durch den Kurpark nicht versäumen. Der Spaziergang durch das grüne Zentrum der Stadt lässt sich gut verbinden mit einer Partie Minigolf oder ein paar Kneipp-Anwendungen. An einigen Sommersonntagen verkehrt die Moorbahn. Die Feldbahnzüge sorgten früher für Nachschub des in den Moorbadeanstalten benötigten Rohstoffs. Heute dürfen Fahrgäste in den umgebauten Wagen Platz nehmen (Betriebstage unter: www.kurbahn-verein.de).

Kur-Stadt-Apothekenmuseum • Pestalozzistraße 16 a • 65307 Bad Schwalbach • Tel.: 06124 723760 • www.museum-bad-schwalbach.de • Mi./Sa./So. 14–17 Uhr, Apr.–Okt. auch Do./Fr. 14–18 Uhr

29 HOCHHEIM S. 38

Aus historisch-politischer Perspektive gehört das 18.000-Einwohner-Städtchen am Main östlich von Wiesbaden gar nicht zum Rheingau, weinrechtlich dagegen schon. Seit 1845, als die britische Königin Victoria hier geweilt und ihrer Begeisterung für den Rheinwein freien Lauf gelassen hat, erhielt Hochheim internationale Bekanntheit. Dem Weinbau widmet sich ein Museum, welches schwerpunktmäßig die Arbeit der Winzer – von der Anlage des Weinberges bis zur Abfüllung des fertigen Weines in Flaschen – in den Mittelpunkt rückt. Gelegentlich bilden die Museumsräume den Rahmen für Veranstaltungen rund um das Thema Weinbau. Nicht versäumen sollte man in Hochheim auch einen Besuch der Kunstsammlungen. In der Villa Burgeff, einst für den Besitzer der gleichnamigen Sektkellerei eröffnet, vermitteln sieben Ausstellungsräume einen Überblick über die Kunstströmungen des 20./21. Jahrhunderts. Ausgestellt sind Werke hochkarätiger Künstler, die Palette reicht von Pablo Picasso, Salvador Dalí und Hans Arp bis hin zu Joseph Beuys und Raffael Rheinsberg. Eigens für die Initiatoren der Ausstellung, das Sammler-Ehepaar Rosteck, fertigte Wolf Vostell, ein kontrovers diskutierter Künstler der Fluxus-Bewegung, sein Wandbild „Die vier andalusischen Prinzipien". In zwei Räumen werden Skulpturen gezeigt, darunter Arbeiten von Rudolf Hauser und Alfred Hrdlicka.

Hochheimer Weinbaumuseum: Wiesbadener Straße 1 • 65239 Hochheim • Tel.: 06146 900333 • Hochheimer Kunstsammlungen: Villa Burgeff • Mainzer Straße 35 • 65239 Hochheim • Tel.: 06141 900333 • www.hochheimerkunstsammlung.de • Fr. 17–19 Uhr, So. 15–17 Uhr

AKTIV

RUNDWEG NEROBERG

(13 km)

Diese Tour führt durch die nördlichen, von Grünanlagen durchzogenen Bereiche der Stadt. Der Deutsche Volkssportverband (DVV) hat diesen Rundwanderweg ausgezeichnet. Man startet im Zentrum am Schlossplatz und verlässt die Altstadt Richtung Wilhelmstraße. Hinter dem Kurhaus geht man durch die Kurparkanlagen durchs Rambachtal Richtung Sonnenberg. Über das Goldsteintal führt der Weg durch Wälder hoch zum Neroberg. Von dort hat man Gelegenheit, die Aussicht zu genießen. Zurück ins Zentrum folgt man dem Nerotal bis zur Taunusstraße. Hier biegt man ab und gelangt wieder zum Ausgangspunkt. Die Tour ist leicht zu bewältigen.

EUROPÄISCHER FERNWANDERWEG E3

Die Europäische Wandervereinigung beschloss 1969, ein Netz internationaler Fernwanderwege zu schaffen, um in Zeiten der europäischen Teilung ein Zeichen der Völkerverständigung zu setzen. Entstanden sind ein Dutzend Routen durch die schönsten Gebiete in allen Teilen Europas. Einer der zwölf Wege führt von der bulgarischen Schwarzmeerküste quer durch den Kontinent bis ins spanische Santiago de Compostela und passiert dabei auch die Region. Ein möglicher Startpunkt für eine Wanderung durch den Rheingau wäre das Jagdschloss Platte. Das ab 1823 vom nassauischen Herzog Wilhelm I. errichtete, im Zweiten Weltkrieg beschädigte und in den letzten Jahrzehnten wieder nutzbar gemachte Gebäude befindet sich in 498 Metern Meereshöhe auf der „Platte". Von hier aus wendet man sich westwärts. Der durch ein blaues Kreuz markierte Weg folgt im Wesentlichen dem Hauptkamm des Rheingauer Taunus und erreicht über Schlangenbad, die Mapper Schanze, vorbei an den Ruinen der Kammersburg und Sauerburg nach ca. 55 Kilometern den Ort Kaub am Rhein. Besonders im letzten Teil der Etappe sind dabei nicht unbeträchtliche Höhenunterschiede zu überwinden. Jedoch bietet der in Etappen teilbare Weg Gelegenheit, das waldreiche Hinterland des Rheingaus zu erkunden.

WIESBADEN UND UMGEBUNG

1 bis 16 siehe Karte S. 14
17 Neroberg S. 25
18 Fasanerie S. 27
19 Schloss Freudenberg S. 27
20 Henkell S. 28
21 Schloss Biebrich S. 28
22 Schierstein S. 30
23 Rettbergsaue S. 31
24 Kastel S. 32
25 Maaraue S. 33
26 Schlangenbad S. 34
27 Taunus-Wunderland S. 35
28 Bad Schwalbach S. 35
29 Hochheim S. 36

AKTIV

3 Opelbad S. 131
6 Frei- und Hallenbad Kleinfeldchen S. 131
7 Freibad Mainzer Straße S. 132

8 Hallenbad Kostheim S. 132
9 Freibad Maaraue S. 132
10 Thermalbad Aukammtal S. 132
11 Thermalfreibad Schlangenbad S. 132
12 Therme Schlangenbad S. 133
13 Wiesbadener Nordwand S. 133
17 Henkell Kunsteisbahn S. 134
21 Fahrrad Ambrosius S. 134
22 Movelo Verleihstation Weingut Hück S. 134
23 Movelo Verleihstation Schlangenbad S. 135
26 Nordic Walking Park Bad Schwalbach S. 135

ÜBERNACHTUNG UND GASTRONOMIE

2 Landhaus Diedert S. 121
5 Hotel Klemm S. 122
6 Domäne Mechtildshausen S. 122
9 Weinhaus Sinz S. 122

ELTVILLE UND UMGEBUNG

Eltville am Rhein gilt nicht umsonst als „Stadt der Rosen". Immerhin soll die Zahl der Rosenstöcke höher sein als die Anzahl der hier lebenden Menschen. Wenn unzählige Blüten das rund 17.000 Einwohner zählende, schmucke Fachwerkstädtchen alljährlich in ein Farbenmeer verwandeln, strömen die Besucher aus nah und fern scharenweise hierher und flanieren an der Rheinpromenade zur Kurfürstlichen Burg. Wirtschaftliche Bedeutung hat Eltville u. a. als Stadt der Sektherstellung, davon wusste schon Thomas Mann zu berichten. Das ehemalige Kloster Eberbach in der Umgebung gilt als eine der am besten erhaltenen mittelalterlichen Klosteranlagen.

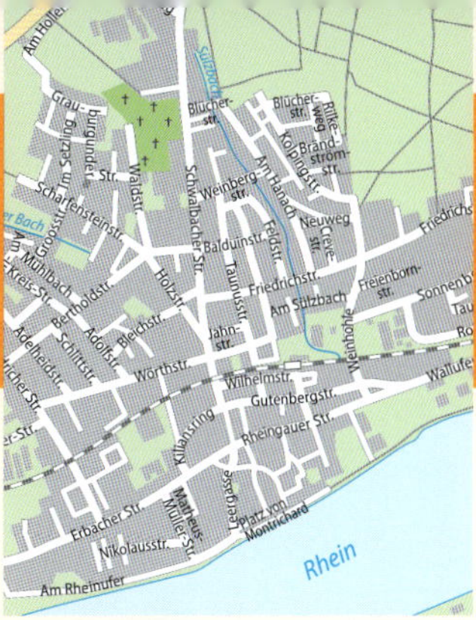

ANREISE

Auto Eltville liegt rund 10 Kilometer westlich von Wiesbaden und ist innerhalb weniger Minuten von der Landeshauptstadt über die A 66/B 42 zu erreichen. Je nach gewünschtem Ziel verlässt man die Bundesstraße an einer der drei Eltviller Ausfahrten.

Bahn Die regelmäßig verkehrenden Regionalbahnen auf der rechtsrheinischen Strecke Wiesbaden–Koblenz halten dreimal im Stadtgebiet. Die Bahnhöfe befinden sich in Eltville sowie den Ortsteilen Erbach und Hattenheim.

Martinstor

siehe große Karte S. 42

REISEINFORMATION

Tourist-Information im Besucherzentrum Kurfürstliche Burg • Burgstraße 1 • 65343 Eltville am Rhein • Tel.: 06123 90980 • www.eltville.de • Apr.–Okt. tägl. 10.30–17 Uhr, Nov.–März tägl. 11–15.30 Uhr

NICHT VERPASSEN! Die Altstadt rund um die **Kurfürstliche Burg** mit dem **Rosengarten** lädt zum Flanieren ein. Die Rheinpromenade gilt als eine der schönsten in der Region. Am Weinprobierstand kann man Weine aus hiesigen Lagen genießen – Rheinblick inklusive. Auch ein Besuch im **Kloster Eberbach** gehört dazu. Die ehemalige Zisterzienserabtei ist nicht nur aufgrund ihrer Vergangenheit als Kloster, sondern auch als Drehort für bedeutende Kinoproduktionen weltbekannt. In der Umgebung ist nicht nur das **Gotische Weindorf Kiedrich** einen Besuch wert.

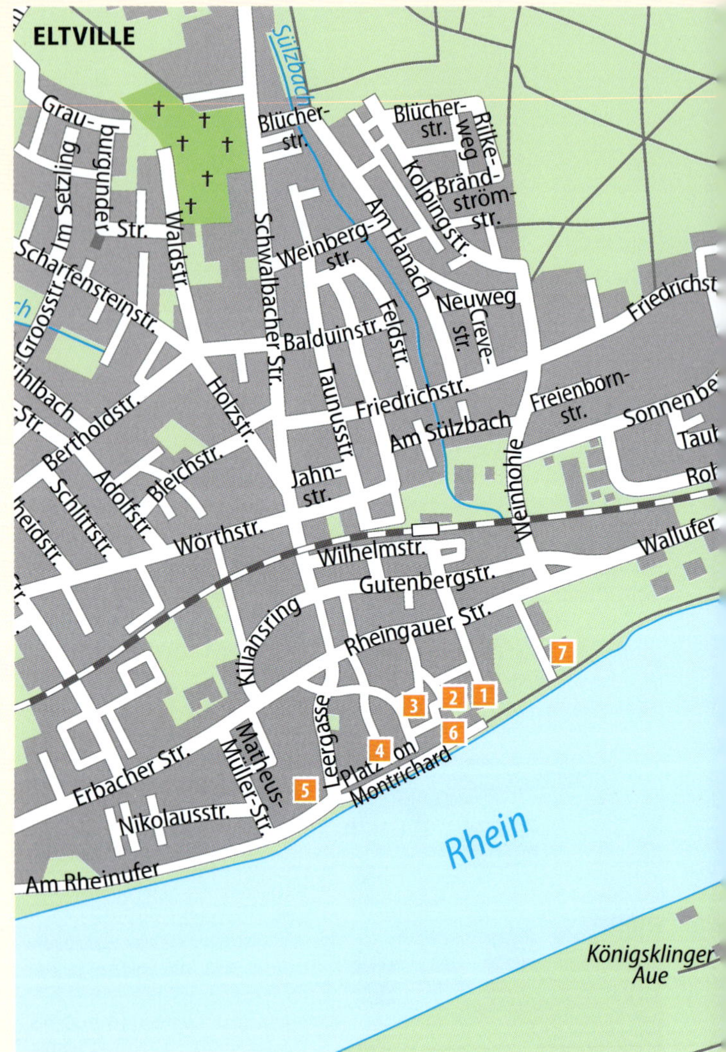

ELTVILLE

1 Kurfürstliche Burg S. 43
2 Rosengarten S. 44
3 Pfarrkirche St. Peter und Paul S.44
4 Martinstor S. 45
5 Sebastiansturm S. 45
6 Rheinpromenade S. 45
7 Burg Crass S. 46

1 KURFÜRSTLICHE BURG

S. 42

Errichtet wurde die als Wahrzeichen von Eltville geltende Burg etwa ab Mitte des 14. Jahrhunderts, nachdem ein Vorgängerbau an gleicher Stelle kriegerischen Handlungen zum Opfer gefallen war. In der Folgezeit diente der am Rheinufer thronende Komplex den Mainzer Erzbischöfen als Residenz. Einer von ihnen, Adolf II., gleichzeitig Kurfürst, verlieh am 17. Januar 1465 Johannes Gutenberg die Würde eines Hofedelmanns. Im Dreißigjährigen Krieg kam es zu weitgehenden Zerstörungen, lediglich der massive Wohnturm wurde danach wiederaufgebaut und ist bis heute erhalten. Der Zugang erfolgt vom Rheinufer aus über eine den ehemaligen Burggraben querende Brücke. Ein Raum im Erdgeschoss wird heute z. B. für Trauungen genutzt. Die Tourist-Information hat ihren Sitz im Haus, zudem besteht die Möglichkeit, Souvenirs zu erwerben. Im Museum befindet sich eine Gutenberg-Gedenkstätte. Mit der Ausstellung historischer Drucktechnik wird an den Wegbereiter der modernen Vervielfältigungs-

Kurfürstliche Burg

JOHANNES GUTENBERG

Viele Angaben über das Leben des Erfinders der modernen Druckkunst können nicht exakt belegt werden. Seine Geburt dürfte so um das Jahr 1400 herum erfolgt sein. Sein Vater, ein Mainzer Kaufmann, war mit der städtischen Obrigkeit in Streit geraten, daraufhin dürfte die Familie mit dem Knaben die Stadt verlassen haben. In den 1430er Jahren beschäftigte sich Gutenberg in Straßburg mit dem Münz- und Goldschmiedehandwerk. Jahre später, etwa Ende der 1440er, war er zurück in Mainz, um an der Vervollkommnung des Druckverfahrens zu arbeiten. Zwar ist er damit erfolgreich gewesen, seinem Geldgeber gelang es jedoch in einem Rechtsstreit, die Druckerei an sich zu reißen. Rund drei Jahre vor seinem Tod erfuhr der Erfinder des Buchdrucks mit beweglichen Lettern aus Metall und Kaufmann durch Kurfürst Adolf II. in Eltville eine späte Ehrung durch die Ernennung zum Hofedelmann. Ein Bruder Gutenbergs verbrachte die letzten Jahre seines Lebens im Gensfleisch-Haus neben der Burg.

Rosengarten im Burghof

technik erinnert. Eine Etage höher zeigt eine Schau Wissenswertes aus der Stadtgeschichte. Außerdem sollte man einen Blick von der Plattform des Turmes werfen, die reizvolle Aussicht entschädigt für die Mühen des Aufstieges.

Burgturm mit Museum und Tourist-Information Eltville • Burgstraße 1 • 65343 Eltville am Rhein • Tel.: 06123 90980 • Apr.–Okt. tägl. 10.30–17 Uhr, Nov.–März tägl. 11–15.30 Uhr

2 ROSENGARTEN S. 42

Bereits ab Ende des 19. Jahrhunderts bestimmte die Königin der Blüten während des Sommers das Stadtbild von Eltville. Nach dem Ersten Weltkrieg wurde die Tradition etwas vernachlässigt, heute erfüllt der Duft der Rosen jedoch wieder während der Saison die Stadt. Im Rosengarten des Burghofs, in den 1970ern in heutiger Form angelegt, blühen etwa 350 Arten. Geschätzt eine halbe Million Blüten dürften für das Feuerwerk aus Farben und Düften verantwortlich sein. Der Zutritt ist kostenfrei.

Rosengarten im Burghof • 65343 Eltville am Rhein • Apr.–Sept. tägl. 9.30–19 Uhr, Okt.–März tägl. 10–17 Uhr

3 PFARRKIRCHE ST. PETER UND PAUL S. 42

Der Bau der heutigen Kirche wurde Anfang des 14. Jahrhunderts begonnen. Eltville war Residenzstadt der Mainzer Erzbischöfe geworden, der bescheidene Vorgängerbau genügte den Ansprüchen nicht mehr. Im Laufe der Jahrhunderte erfuhr die Kirche immer wieder tiefgreifende Umbauten, die letztlich zu ihrer heutigen unsymmetrischen Form führten. Bemerkenswert sind einige um 1400 ausgeführte spätgotische Wandmalereien im Inneren. Eine Reihe Skulpturen werden Hans Schro, einem Schüler des bekannten, im Dienst der Mainzer Erzbischöfe stehenden Bildhauers Hans Backoffen, zugeschrieben. Die Fenster an der Nordseite schuf der Hattersheimer Künstler Jupp Jost in den 1980er Jahren.

Katholisches Pfarramt Eltville • Kirchgasse 1 • 65343 Eltville am Rhein • Tel.: 06123 2622

4 MARTINSTOR S. 42

Im 14. Jahrhundert begann der Bau der Stadtmauer. Das Martinstor ist das einzige heute noch erhaltene Tor der Befestigungsanlage und fügt sich in einen über Jahrhunderte gewachsenen Gebäudekomplex ein. Der als Eltzer Hof bekannte Komplex gehört seit rund 400 Jahren (mit Unterbrechung) den Mitgliedern der gleichnamigen Adelsfamilie. Heute stellt das Tor die Verbindung zwischen Altstadt und Rheinpromenade dar, daneben befinden sich noch einige Reste der Stadtmauer. Eine Innenbesichtigung ist nicht möglich.

Eltzer Hof • Martinsgasse 2–6 • 65343 Eltville am Rhein

5 SEBASTIANSTURM S. 42

Der markante Rundbau auf dem Gelände der Matheus-Müller-Sektkellerei war einst ein Eckturm der Stadtmauer. Der Name erinnert an den für die Pest zuständigen Schutzheiligen. Jährlich am 20. Januar gedenkt man in Eltville der Anbetung des Heiligen Sebastianus während der Pestjahre 1666/67 und das möglicherweise darauf zurückzuführende Ende der todbringenden Krankheit. Keine Innenbesichtigung.

Leergasse 1 • 65343 Eltville am Rhein

6 RHEINPROMENADE S. 42

Am Rheinufer lässt es sich in Eltville besonders angenehm flanieren.

FELIX KRULL – EIN BETRÜGER AUS DEM RHEINGAU

Der Vater des Hochstaplers im unvollendet gebliebenen Roman von Thomas Mann betreibt eine Schaumweinfabrik in einer Kleinstadt im Rheingau, legt mehr Wert auf edle Verpackung als auf die Qualität seiner Getränke. Felix wird in den 1870er Jahren geboren. Die Sektfabrik geht bankrott, die Ehe seiner Eltern wird als wenig glücklich beschrieben. Thomas Mann arbeitete von 1910 – mit Unterbrechung – bis kurz vor seinem Tod an dem Werk. Zwar verschweigt er Name und Adresse, doch lässt sich bei einem Blick auf die Liste der zum Zeitpunkt der Geburt des Romanhelden existierenden deutschen Schaumweinhersteller durchaus ein Bezug zu Eltville herstellen. Die Stadt dürfte jedoch lediglich den geografischen Hintergrund für die Fiktion geliefert haben, eine Bewertung heutiger Sektprodukte lässt die Lektüre selbstverständlich nicht zu.

Burg Crass

Platanen säumen den breiten Weg vorbei an stattlichen historischen Gebäuden, viele davon stammen aus der Gründerzeit. Adlige, aber auch einflussreiche und finanzstarke Bürger ließen sich hier einst einen standesgemäßen Wohnsitz mit Blick auf den Rhein errichten. Ein Weinprobierstand bietet Produkte verschiedener örtlicher Winzer an. Mit einem Glas Riesling in der Hand über den Rhein blickend versteht man den Beinamen „Riviera des Rheingaus".

Platz von Montrichard • 65343 Eltville am Rhein

7 BURG CRASS S. 42

Sie gilt als das älteste Bauwerk der Stadt. Seit rund tausend Jahren – möglicherweise noch länger – befindet sich die Burg am Ortsrand in Richtung Walluf. Die Geschichte der zeitweise als Schloss Rheinberg bekannten Anlage ist wechselhaft. Auf glanzvolle Zeiten als Ritter- oder Grafensitz folgten Zerstörungen, Brände und Verfall. 1873 übernahm die Familie Crass das Burghaus, um darin eine Gaststätte zu eröffnen. Heute befindet sich in den Mauern ein Hotel der gehobenen Kategorie.

Freygäßchen 1 • 65343 Eltville am Rhein • Tel.: 06123 975110 • www.burgcrass.de

8 SCHLOSS REINHARTSHAUSEN S. 54

Ab Ende des 12. Jahrhunderts hatten auf dem Anwesen Ritterschaften ihren Stammsitz. Später erwarb das Adelsgeschlecht Langwerth von Simmern das Gelände. Anfang des 19. Jahrhunderts ließ der nächste Eigentümer, der Kurmainzer Staatsminister und kaiserliche Gesandte Clemens August von Westphalen, das Hotel errichten. Marianne von Oranien Nassau, Prinzessin der Niederlande, kaufte das Objekt sowie die später nach ihr benannte Rheininsel Mariannenaue, um nach der Aufsehen erregenden Scheidung ihrer Ehe mit Prinz Albrecht von Preußen mit ihrem nicht standesgemäßen Lebensgefährten eine neue Bleibe zu finden. Nach ihrem Tod vererbte sie Reinhartshausen ihrem ehelichen Sohn Prinz Albrecht von Preußen. Das Objekt blieb in der Folge rund ein Jahrhundert in Obhut der Familie. Erst in den 1990ern kam das Hotel in die Hände privater Investoren, heute finden in den altehrwürdigen Mauern ausschließlich Seminare und Tagungen statt. Das in einem Teil des Komplexes untergebrachte Weingut und die dazugehörige Vinothek im Weingutsinnenhof stehen hingegen für Besucher offen.

Hauptstraße 39 • 65346 Eltville-Erbach • www.schloss-reinhartshausen.de • Tel.: 06123 7504813 • Mo.–Fr. 10–18 Uhr, Sa./So. 11–19 Uhr, bei schönem Wetter Mi.–So. Ausschank im Hof

Vinothek „Schloss Reinhartshausen"

9 JOHANNESKIRCHE ERBACH

S. 54

Johann Wilhelm, der gemeinsame Sohn der geschiedenen Marianne von Oranien-Nassau und ihres Lebensgefährten, dem ehemaligen Kutscher Johannes van Rossum, verstarb 1861 im Alter von nur zwölf Jahren. Aus diesem Anlass stiftete die Mutter, eine gläubige Protestantin, Geld und Grundstück für den Bau der ersten evangelischen Kirche im Rheingau. Bis dahin gab es in Erbach lediglich die St.-Markus-Kirche in der Hauptstraße 46 (www.pastoraler-raum-eltville.de). Eduard Zais, Sohn des Baumeisters des ersten, inzwischen abgerissenen Wiesbadener Kurhauses Christian Zais, orientierte sich bei seinem Entwurf zwar am Klassizismus, nahm in Details allerdings Bezug auf die etwa zur gleichen Zeit entstandene Wiesbadener Marktkirche. 1865 erfolgte die Weihe des zunächst namenlosen Gotteshauses – den heutigen Namen erhielt die Kirche erst rund ein Jahrhundert später. Johann Wilhelm wurde in der Gruft bei-

gesetzt, seine Eltern fanden ihre letzte Ruhe auf dem benachbarten Friedhof.

Eltviller Landstraße 20 • 65346 Eltville-Erbach • Tel.: 06123 62221 • www.triangelis.de

10 BURG HATTENHEIM

S. 54

Im 2.200-Einwohner-Ortsteil fällt die Burg aus dem 12. Jahrhundert sofort ins Auge. Seit rund 600 Jahren im Besitz der Freiherren Langwerth von Simmern, ist heute lediglich der Wohnturm erhalten. Ein Verein hat das Gebäude gepachtet, sorgt für den Unterhalt und führt dort regelmäßig Veranstaltungen durch.

Burg Hattenheim • Burggraben 9–11 • 65347 Eltville-Hattenheim • Verein Tel.: 06123 88285 • www.hattenheimer-burg.de

11 ST. VINCENTIUS HATTENHEIM

S. 54

Der Turm stammt noch vom mittelalterlichen Vorgängerbau und wurde in die 1739 gebaute barocke Saalkirche integriert. Der Innenraum wurde seither kaum umgebaut. An der Südseite vor der Kirche befindet sich eine rund 600 Jahre alte Kreuzigungsgruppe des Mainzer Bildhauers Hans Backoffen.

Hauptstraße 27 • 65347 Eltville-Hattenheim

◀ Johanneskirche in Erbach

12 KLOSTER EBERBACH

S. 54

TOP-TIPP

Ein wenig von der klösterlichen Ruhe spürt auch der Besucher des 21. Jahrhunderts noch in den altehrwürdigen Mauern. Im Jahre 1136 wurden die ersten zwölf Mönche des Zisterzienserordens nach Eberbach entsandt. Gemäß den Regeln des Ordens war Schlichtheit in allen Lebensbereichen geboten, dazu wurden die Mönche zu Selbstversorgung und wirtschaftlicher Unabhängigkeit verpflichtet. Letzteres wurde durch eine umfangreiche landwirtschaftliche Aktivität und nicht zuletzt durch den Weinbau erreicht. Im Mittelalter galt Kloster Eberbach zeitweise als das bedeutendste Weinhandelsunternehmen der Welt. Zwar besetzten schwedische Truppen im Dreißigjährigen Krieg das Kloster, jedoch blieben Zerstörungen weitgehend aus. Somit gilt Eberbach als eines der am besten erhaltenen mittelalterlichen Klöster überhaupt. Am Beginn des 19. Jahrhunderts konnten sich die Mönche im Zuge der deutsch-französischen Koalitionskriege der Auflösung nicht widersetzen. Heute kümmert sich eine Stiftung um den Erhalt und Betrieb des Kulturdenkmals. Ein Rundgang vermittelt einen Einblick in das damalige Leben der Zisterzienser, zu sehen sind außerdem Zeugnisse aus der Architekturgeschichte des Klosters. Im Klosterladen sind u. a. kunst-

Kloster Eberbach

DER NAME DER ROSE

Bei Filmproduzenten genießt das Kloster einen guten Ruf. So bildeten die Gebäude immer wieder die Kulisse für Kinoproduktionen. Mehrere Szenen des amerikanischen Kriegsfilmes von 1951 „Entscheidung vor Morgengrauen" wurden im Kloster gedreht. Ein Jahr später stellte die erste deutsch-amerikanische Koproduktion nach dem Krieg „Martin Luther" das Leben des Reformators u. a. vor der Kulisse der ehemaligen Abtei nach. Am bekanntesten dürfte allerdings „Der Name der Rose" mit Sean Connery nach dem Roman von Umberto Eco sein. Der Regisseur Jean-Jacques Annaud bekam auf seiner langwierigen Suche nach einem geeigneten Drehort von dem Produzenten Bernd Eichinger den zielführenden Tipp. Allerdings waren einige Umbauten erforderlich. Der Schlafsaal der Mönche wurde im Film kurzerhand zum Schreibsaal umfunktioniert. In der Basilika ertönte erstmals seit der Säkularisierung wieder (Film-)Chorgesang. Jedoch fanden in Eberbach nur Innenaufnahmen des Klosters statt. Der Hügel, auf dem das Film-Kloster zu stehen scheint, befindet sich in der Nähe von Rom. Das Labyrinth im Treppenhaus wird man ebenfalls vergeblich im Kloster suchen, die entsprechenden Szenen entstanden in einem Studio in Rom.

WEINREGION ELTVILLE

Die Weine von hier gelten als typische Rheingauer und werden wegen ihrer harmonischen Würze und ihrem Säurereichtum geschätzt. Eltville hat sich zudem als Stadt der Sektherstellung einen Namen gemacht, mehrere Produzenten haben sich hier angesiedelt. Die **Hessischen Staatsweingüter** haben ebenfalls ihren Sitz in der Stadt. Unter Verwaltung dieses mit etwa 200 Hektar Anbaufläche größten Weinguts Deutschlands stehen z. B. die Lagen am Steinberg des Klosters Eberbach. Ein tolles Erlebnis ist eine Führung durch den **Steinbergkeller**. Treffpunkt ist hierzu im Eingangsbereich, die Führungen beginnen von April bis Oktober sonntags um 13 und 15 Uhr, von November bis März ebenfalls sonntags um 14 Uhr. In der gigantischen Kelleranlage lagern über eine Million Flaschen, im ehemaligen Kellerhaus ist eine Vinothek eingerichtet. Die Weine vom nach dem Vorbild des burgundischen „Clos de Vougeot" mit einer Steinmauer umfassten Berg tragen übrigens die Bezeichnung „Steinberger Riesling" – ohne Ortsangabe. Unweit von Eltville befindet sich Walluf, die älteste Weinbaugemeinde des Rheingaus. Hier soll man bereits im 8. Jahrhundert Reben kultiviert haben. In Kiedrich, wo die Rieslinge als besonders kräftig und fruchtig gelten, gibt es eine weitere Besonderheit. Weinfreunde aus nah und fern reisen in das „Gotische Weindorf", um hier den Bund der Ehe zu schließen. Jedes frisch getraute Paar erhält (symbolisch) einen persönlichen Rebstock auf dem **Weinberg der Ehe** – und dazu jedes Jahr eine Flasche Wein. Alle nicht Heiratswilligen können sich von der Qualität der Kiedricher Weine am wunderbar im Grünen gelegenen **Probierstand in der Bergchaussee** überzeugen. Die Wallufer Winzer präsentieren ihre Weine in der Rheinallee, die Kollegen aus Eltville geben Entscheidungshilfe am Kloster Eberbach, im Ortsteil Hattenheim an den Rheinanlagen, im Ortsteil Martinsthal in der Lehrstraße 11 sowie im Ortsteil Erbach am Parkplatz an den Rheinanlagen. Gut besucht ist zudem der Weinprobierstand an der Rheinpromenade in Eltville (www.eltviller-weinprobierstand.de).

handwerkliche Souvenirs und edle Weine erhältlich. Empfehlenswert ist übrigens die Teilnahme an einer „Schlenderweinprobe" in den historischen Räumen, bei der im Rahmen eines Rundgangs an verschiedenen Orten unterschiedliche Weine verkostet werden. Zum Genuss laden auch die gastronomischen Einrichtungen ein. Ein Hotel befindet sich ebenfalls auf dem Klostergelände. Es empfiehlt sich zudem, einen Blick in den aktuellen Veranstaltungskalender auf der Website zu werfen.

65346 Eltville am Rhein • Tel. Stiftung Kloster Eberbach: 06723 9178100, Museumskasse: 06723 9178115, Infos zu Themenführungen: 06723 9178150 • www.kloster-eberbach.de • tägl. 10–18 Uhr, Apr.–Okt. 10–19 Uhr • Führungen: Jan.–März Sa./So. 14 Uhr, Apr.–Okt. Fr. 15 Uhr, Sa./So. 11/13/15 Uhr, Sept. zusätzlich Sa./So. 12.15 Uhr. Kinderführungen am ersten Sonntag des Monats parallel zur Erwachsenenführung Apr.–Okt 15 Uhr, Nov.–März 14 Uhr

St. Valentinus in Kiedrich

13 PFARRKIRCHE ST. VALENTINUS, KIEDRICH S. 54

ENTDECKER-TIPP

Zwei Kilometer nördlich von Eltville und damit nicht direkt am Rhein liegt der 4.000-Einwohner-Weinbauort Kiedrich. Die dortige St.-Valentin-Kirche wurde im 15. Jahrhundert gebaut und enthält eine der ältesten spielbaren Orgeln weltweit. An der Erhaltung des Instruments hatte Baronet Sir John Sutton wesentlichen Anteil. Der englische Kunstmäzen des 19. Jahrhunderts erkannte den Wert der Orgel und veranlasste deren Restaurierung. Kunstgeschichtlich bedeutsam sind in der Kirche zudem die Madonna aus dem 14. Jahrhundert sowie die Reliquie des Heiligen Valentins von 1620. Sehenswert ist außerdem das prachtvolle Westportal. Ein Besuch lohnt sich aber noch aus einem weiteren Grund: Seit 1333 singen die „Kiedricher Chorbuben" jeden Sonntag und Feiertag (außer am ersten Sonntag des Monats) das lateinische Hochamt. Das Besondere daran: Die gregorianischen Choräle werden dabei in einem alten Dialekt dargeboten.

Suttonstraße 1 • 65399 Kiedrich im Rheingau • Tel.: 06123 2810 • www.kiedricher-chorbuben.de

14 BURGRUINE SCHARFENSTEIN, KIEDRICH S. 54

Die Burg wurde im 12. Jahrhundert errichtet und verfiel spätestens im 17. Jahrhundert. Heute existiert lediglich der weithin sichtbare Bergfried. Der Turm ist nicht für die Öffentlichkeit begehbar. Jedoch bietet sich schon vom Vorplatz ein schöner Blick auf die Umgebung. Ein Grillplatz steht nach Anmeldung (Tel.: 06123 905011) zur Verfügung.

An der L 3035 (Kiedrich-Hausen vor der Höhe)

AKTIV

RHEINSTEIG-RUNDTOUR RAUENTHALER SPANGE

(8 km)

Idealer Start ist der Wanderparkplatz an der Grillhütte nördlich der Ortslage Rauenthal. Jedoch ist ein Einstieg auch direkt in Rauenthal, z. B. an der Jahnstraße, möglich. Man folgt den Schildern mit dem roten Rheinsteig-Logo. Die Strecke ist äußerst abwechslungsreich, führt durch Waldstücke, über Weinberge und vorbei an Streuobstwiesen. Die „Bubenhäuser Höhe" bietet eine schöne Aussicht über die Rebhänge hinunter zu den Eltviller Ortsteilen Rauenthal und Martinsthal.

GEBÜCKWEG

(50 km)

Der Weg folgt weitgehend dem Verlauf der historischen Grenzbefestigung des Rheingaus. Auf den Markierungsschildern sind zwei stilisierte, ineinander verschlungene Zweige abgebildet, die das Gebück, also eben diesen Wall aus verflochtenen Baumtrieben, symbolisieren. Der Start der Tour ist im Ort Walluf, man folgt zunächst dem Wallufbach von der Mündung flussaufwärts, geht über Schlangenbad vorbei an Hausen vor der Höhe zur Mapper Schanze, einem 1494 errichteten, als Ruine erhaltenen Grenzübergang. Von hier aus war über ein Tor ein Zugang zum Rheingau durch das sonst unüberwindbare Gebück möglich. Die Dicke der Mauern lässt einen Eindruck von den einstigen Ausmaßen der Grenzbefestigungsanlage zu. Der Weg führt weiter durch das Tal der Wisper, macht einen Umweg an der Kammersburg-Ruine nach Ransel, um schließlich sein Ziel, Lorch, zu erreichen.

RUNDWANDERWEG HATTENHEIM

(8 km)

Am unweit vom Rheinufer gelegenen Weinprobierstand des Eltviller Ortsteiles Hattenheim gibt es meistens ausreichend Parkplätze. Von hier aus folgt man den Tafeln mit den drei Weingläsern, welche den Weg markieren. Es geht durch Weinberge; die leichten Steigungen sind dabei gut zu bewältigen und ermöglichen reizvolle Blicke auf den immer relativ nahen Rhein sowie auf Hattenheim und Umgebung.

ELTVILLE UND UMGEBUNG

1 bis 7 siehe Karte S. 42
8 Schloss Reinhartshausen S. 46
9 Johanneskirche Erbach S. 47
10 Burg Hattenheim S. 49
11 St. Vincentius Hattenheim S. 49
12 Kloster Eberbach S. 49
13 Pfarrkirche St. Valentinus Kiedrich S. 52
14 Burgruine Scharfenstein Kiedrich S. 52

ÜBERNACHTUNG UND GASTRONOMIE

13 Kronenschlösschen S. 123
14 Nassauer Hof S. 123
20 Hotel Zum Krug S. 125

► Pfarrkirche St. Valentinus, Kiedrich

OESTRICH-WINKEL

Die Stadt Oestrich-Winkel ist das Ergebnis einer Welle von Gebietsreformen im Jahr 1972. Die beiden im Namen vertretenen Ortsteile sowie Mittelheim wurden damals zusammengelegt. Rund fünf Jahre später wurde Hallgarten eingegliedert. Etwa 12.000 Menschen leben hier dauerhaft, ein paar hundert Hochschulstudenten der „European Business School für Wirtschaft und Recht“ zumindest zeitweise. Dichter schätzten die landschaftlichen Reize der Umgebung; im 19. Jahrhundert erkannten die im Haus der Bankiersfamilie Brentano weilenden Poeten die romantische Seite des Rheins – sicher zusätzlich inspiriert durch das eine oder andere Gläschen Riesling.

ANREISE

Auto Die am Rhein liegenden Ortsteile Oestrich, Mittelheim und Winkel passiert man direkt über die B42, der Ortsteil Hallgarten befindet sich ca. 2 km vom Rhein entfernt und ist über die Kreisstraße 638 zu erreichen.

Bahn Der Bahnhof Oestrich-Winkel im Ortsteil Mittelheim trug seinen Namen schon, als Oestrich, Winkel, Mittelheim und Hallgarten noch selbstständige Gemeinden waren. Heute ist er der einzige Bahnhof im gesamten Stadtgebiet und wird im Taktverkehr von den Regionalbahnen der rechtsrheinischen Strecke angefahren.

REISEINFORMATION

Tourist-Info im Fine-Living-Hotel Hauptstraße 1 • 65375 Oestrich-Winkel • Tel.: 06723 6012806 • www.oestrich-winkel.de • Mo.–Fr. 9–13 Uhr, Mai–Okt. auch Sa. 10–14 Uhr

siehe große Karte S. 58/59

St. Martin

NICHT VERPASSEN! Fotomotiv und Wahrzeichen Nummer eins ist der historische **Weinverladekran** am Rheinufer. Das technische Denkmal diente einst als wichtiges Hilfsmittel beim Umschlag hiesiger Weine. Das **Graue Haus** gilt als eines der ältesten erhaltenen Steinhäuser in Deutschland. Prominente Dichter des 19. Jahrhunderts, darunter Goethe, waren häufige Gäste bei Familie Brentano. Im **Brentanohaus** nahm die Bewegung der Rheinromantiker ihren Anfang. Die **Basilika St. Ägidius** zählt zu den ältesten Kirchenbauten des Rheingaus.

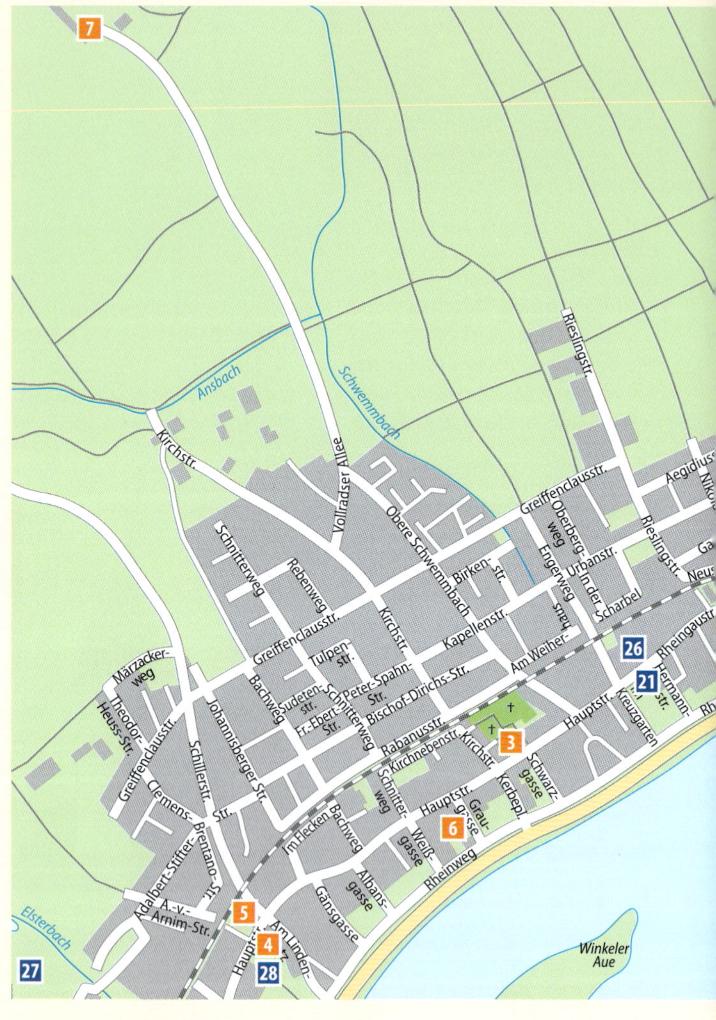

OESTRICH-WINKEL UND UMGEBUNG

1 Weinverladekran S. 60
2 Kirche St. Martin S. 60
3 Pfarrkirche St. Walburga S. 61
4 Brentanohaus S. 61
5 Brentanoscheune S. 62
6 Graues Haus S. 63
7 Schloss Vollrads S. 63
8 Basilika St. Ägidius S. 64
9 Itzsteinsches Gutshaus S. 65
10 Pfarrkirche Mariae Himmelfahrt S. 66

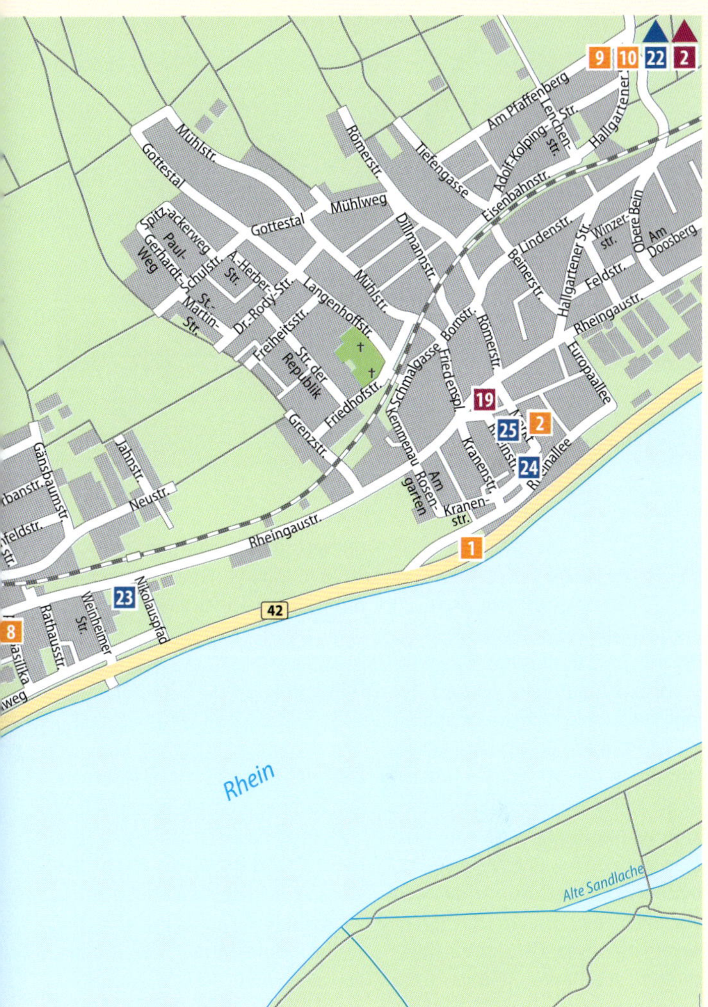

ÜBERNACHTUNG UND GASTRONOMIE

21 Fine Living Hotel S. 125
22 Hotel Zum Rebhang S. 125
23 Hotel Ruthmann S. 125
24 Hotel Zum Schwan S. 125
25 Altes Rathaus Oestrich S. 125
26 Wingertsknorze S. 125
27 Ankermühle S. 125
28 Brentanohaus S. 126

AKTIV

2 Freibad Hallgarten S. 131
19 Rad'l Ma(h)l S. 134

Weinverladekran in Oestrich

1 HISTORISCHER WEINVERLADEKRAN S. 58

Der 1745 fertiggestellte Kran gilt als das Wahrzeichen von Oestrich. Bis ins 19. Jahrhundert war übrigens zum Bau einer solchen Anlage die erzbischöfliche Genehmigung erforderlich. Ein zuvor für die Verladung der Weinfässer auf die Rheinschiffe benutzter Schwimmkran war in die Jahre gekommen. Man ging daran, den Mainzer Erzbischof und Kurfürsten von den Vorteilen einer fest am Ufer verankerten Hebevorrichtung zu überzeugen. Nach der Befürwortung begann 1744 der Bau. Die Anlage funktionierte im Prinzip wie ähnliche Kräne aus der Römerzeit. Der Kranausleger wurde durch eine ausgeklügelte Mechanik mit Muskelkraft bewegt. 1745 wurden die ersten Weinfässer auf die Schiffe verladen, aber auch für andere Güter wurde der Kran benutzt – bis 1926 übrigens. Eine Führung ermöglicht einen Blick auf die Technik hinter der Bretterverkleidung.

Rheinufer • 65375 Oestrich-Winkel • Führungen: Apr.–Okt. am ersten Sa./So. im Monat 13–17 Uhr

2 KIRCHE ST. MARTIN S. 58

Der Turm von einem romanischen Vorgängerbau wurde 1508 in die neue Kirche integriert. Nach Zerstörung im Dreißigjährigen Krieg wiederaufgebaut, zeigt sich die Kirche heute im bei der Restaurierung Ende des 19. Jahrhunderts hergestellten Zustand. Fünf der sechs Figuren des Hauptaltars stammen aus dem frühen 16. Jahrhundert. Der Beichtstuhl und die Sonnenmonstranz wurden nach der Säkularisierung des Klosters Eberbach hierher verbracht. Jüngeren Datums sind die Glasfens-

Brentanohaus

ter. Sie stammen aus der Werkstatt von Gustel Stein, einem Mainzer Künstler, der in der zweiten Hälfte des 20. Jahrhunderts zahlreiche Fenster für Gebäude, darunter viele Kirchen, in Rheinland-Pfalz und Hessen fertigte.

Rheinstraße 19 • 65375 Oestrich-Winkel • Tel.: 06723 2045 • https://oestrich.bistumlimburg.de

3 PFARRKIRCHE ST. WALBURGA S. 58

Bereits im 9. Jahrhundert entstand eine Kirche an dieser Stelle. Der heute sichtbare Turm entstammt einem Neubau vom Beginn des 13. Jahrhunderts. Chor und Kirchenschiff wurden drei Jahrhunderte später errichtet und von 1675 bis 1684 im Stil des Barocks umgebaut. Auf dem Friedhof befindet sich die Grabstätte von Karoline von Günderode. Die Tochter eines Hof- und Regierungsrats lebte nach dem frühen Tod ihres Vaters verarmt in einem Damenstift. Hier begann sie mit dem Schreiben, schuf melancholische Liebesgedichte und -geschichten. Sie pflegte Kontakt zu den Dichtern der Romantik, war im Hause der Brentanos zu Besuch. Im Alter von nur 26 Jahren wählte die eher depressive junge Frau den Freitod, nachdem die Liebe zu einem verheirateten Mann zerbrochen war.

Kirchstraße • 65375 Oestrich-Winkel • Tel.: 06723 2097 • www.winkel.bistumlimburg.de

4 BRENTANOHAUS S. 58

ENTDECKER-TIPP

Das Mitte des 18. Jahrhunderts erbaute Haus erwarb Franz Brentano im Jahr 1804. Der Frankfurter Kaufmann war ein Halbbruder von Clemens und Bettina von Brenta-

Das Graue Haus

no. Bald wurde das Haus ein Treffpunkt von Persönlichkeiten aus Literatur, Kunst und Gesellschaft, zu einer Keimzelle der „Rheinromantik". Achim von Arnim heiratete Bettina und wurde zum Freund der Familie, außerdem waren Karoline von Günderode, die Gebrüder Grimm, Friedrich Carl von Savigny und Goethe mehrfach zu Gast. Letzterer soll hier Teile seiner Italienischen Reise zu Papier gebracht und das Haus als Ausgangspunkt für seine ausgedehnten Spaziergänge zur Erkundung der Umgebung benutzt haben. Bis 2014 war das Haus im Besitz der Familie Brentano. Sehenswert sind die weitgehend im Originalzustand erhalten gebliebenen Räume.

Am Lindenplatz 2 • 65375 Oestrich-Winkel • www.brentano.de • Führungen: in der Regel 14-tägig Sa. 16 Uhr, Anfrage unter Tel.: 06723 2068

5 BRENTANO-SCHEUNE S. 58

Das zur gleichen Zeit wie das gegenüberliegende Brentanohaus erbaute Gebäude diente zunächst als Gerberei. Die Gäste der Brentanos sollen sich zuweilen über die damals mit dem Gerbverfahren oft verbundenen üblen Gerüche beklagt haben. Später erwarb die Familie Brentano das Haus. Zu Beginn des 21. Jahrhunderts wurde das nach Jahrzehnten wechselnder gewerblicher Nutzung in Mitleidenschaft gezogene Gebäude grundlegend saniert. Seither finden in dem heute als städtische Kultureinrichtung dienenden Haus unterschiedliche Veranstaltungen statt. Ein Blick auf die Website zeigt das aktuelle Programm.

Hauptstraße 134 a • 65375 Oestrich-Winkel • Abendkasse Tel.: 06723 88 5229 • www.oestrich-winkel.de/kul

tur/brentanoscheune.htm • www.kulturhoelle.de • Tickets und Infos auch im Bürgerbüro der Stadt unter Tel.: 06723 992180

6 GRAUES HAUS S. 58

Irgendwann im 11. Jahrhundert errichtet, nimmt das Haus in der Liste der ältesten noch vorhandenen Steinhäuser Deutschlands zumindest einen vorderen Platz ein. Bis ins 14. Jahrhundert soll es Wohnhaus der Familie Greiffenclau gewesen sein, später stand es den Bediensteten von Schloss Vollrads zur Verfügung. Nach einem Brand in den 1960er Jahren restauriert, diente es zeitweise als Restaurant. Heute hat eine Stiftung ihren Sitz in dem Gebäude.

Graugasse 10 • 65375 Oestrich-Winkel

7 SCHLOSS VOLLRADS S. 58

Im 14. Jahrhundert für das Adelsgeschlecht von Greiffenclau einer damaligen Mode folgend als Wasserburg errichtet, diente das Anwesen über Jahrhunderte als

DER RHEIN ALS SCHAUPLATZ DER ROMANTIK

„Zu Bacharach am Rheine – wohnt eine Zauberin – Sie war so schön und feine – und riß viel Herzen hin", so beginnt die bekannte Ballade von Clemens Brentano. Brentano, der zusammen mit dem Mann seiner Schwester, dem Dichterkollegen Achim von Arnim, durch das Mittelrheintal reiste, traf mit seiner „Lore Lay" den Zeitgeist, noch bevor Heinrich Heine die Thematik verarbeitete. Friedrich Schlegel veröffentlichte ein paar Jahre zuvor einen Reisebericht über das Engtal nördlich von Bingen. Die zahlreichen Burgen des Mittelalters – einst genutzt, um von vorbeifahrenden Rheinschiffern Zölle zu kassieren, eingerahmt von Felsen –, wurden für die unter den negativen Begleiterscheinungen der Industrialisierung leidenden Bürger plötzlich zum Symbol der Idylle, zum Ort der Sehnsucht. Das Mittelrheintal galt für die Aufklärer noch als wenig nutzbringender Landstrich; nun begannen Künstler damit, die relativ unberührte Natur zu entdecken. Der von Karl Baedeker publizierte Band über das Rheintal gilt als ein Meilenstein auf dem Weg zum modernen Reiseführer. Die Bilder von William Turner sowie eine Erzählung von Lord Byron brachten die Briten auf den Geschmack, Franz Liszt und Robert Schumann schufen manches Lied über den Fluss und die Sehnsucht nach dem einfachen Leben an seinen Ufern. Richard Wagner widmete der Thematik seinen „Ring"-Opernzyklus. „Die Wacht am Rhein" von Nikolaus Becker und Carl Wilhelm betonten in einer Ära, in der Frankreich zur Eroberung Europas rüstete, die Zugehörigkeit des Stromes zu Deutschland. „Dies ist eine Gegend wie ein Dichtertraum und die üppige Phantasie kann nichts Schöneres erdenken als dieses Tal, dass sich bald öffnet, bald schließt, bald blüht, bald öde ist, bald lacht, bald erschreckt", erkannte Heinrich von Kleist bereits 1801.

St. Ägidius in Mittelheim

Wohnsitz und Sitz des familieneigenen Weinguts. Der Wohnturm stammt noch aus dem Mittelalter, die weiteren heute vorhandenen Gebäude entstanden ab dem 17. Jahrhundert. Umgeben von Weinbergen, kann man sich im Restaurant verwöhnen lassen oder in der Vinothek edle Tropfen erwerben. Außerdem bildet das Schloss häufig eine traumhafte Kulisse für Veranstaltungen.

Vollradser Allee • 65375 Oestrich-Winkel • Tel.: 06723 660 • www.schlossvollrads.com • Vinothek: Mo.–Fr. 9–17 Uhr, Sa./So. 10–16 Uhr, Restaurant: Mo.–Sa. 12–21.30 Uhr, So. 12–18 Uhr

8 BASILIKA ST. ÄGIDIUS

S. 58

Die älteste Kirche im Rheingau wurde im Jahre 1131 geweiht. Nach den umfassenden Renovierungen im 20. Jahrhundert prä-

ERWEIN GRAF MATUSCHKA-GREIFFENCLAU

Der Freitod des damals 58-jährigen Winzers und Herrn von Schloss Vollrads im Jahr 1997 erschütterte die Fachwelt, aber auch die Menschen in der Region. „Er war prinzipientreu bis in den Tod“, wird Georg Langwerth von Simmern, einer der letzten adligen Weinbauern des Rheingaus, im „Focus“ zitiert. Matuschka-Greiffenclaus seit acht Jahrhunderten bestehendes Unternehmen geriet in wirtschaftliche Schieflage. Der Erlös des erzeugten Weins konnte die Kosten nicht mehr decken. Personal sowie Instandhaltung der altehrwürdigen Gemäuer verschlangen mehr Geld, als die Produkte des Winzers in 27. Generation einbrachten. Hinzu kommt, dass preisbestimmende Faktoren wie die Qualität im Weinbau nicht unbedingt planbar sind. Statt zu verkaufen, ließ ihn der Stolz zur Waffe greifen.

sentiert sich das Gotteshaus heute wieder im romanischen Stil seiner Entstehungszeit. Im 12./13. Jahrhundert diente das in seiner Schlichtheit beeindruckende Gebäude als Klosterkirche. Besonders hervorzuheben sind die drei Apsiden, eine architektonische Seltenheit. Sehenswert ist zudem die geschnitzte Kanzel aus dem 16. Jahrhundert.

An der Basilika • 65375 Oestrich-Winkel OT Mittelheim • Tel.: 06723 2097 • www.mittelheim.bistumlimburg.de

9 ITZSTEINSCHES GUTSHAUS

S. 58

Johann Adam von Itzstein, 1775 in Mainz geboren, war nicht nur Winzer, sondern setzte sich auch aktiv für Freiheit und Bürgerrechte ein. Er rief den Hallgartener Kreis ins Leben, hier trafen sich die Vordenker der 1848er-Bewegung wie der Publizist Robert Blum, der Verleger Daniel Bassermann, die Dichter Ferdinand Freiligrath und Heinrich Hoffmann von Fallersleben, um hitzige Debatten über eine libe-

WEINREGION OESTRICH-WINKEL

Unsere Sinne sind leicht zu täuschen. Gerade beim Weingenuss lassen sich die Wahrnehmungen schnell verfälschen. In der **Weinerlebniswelt Allendorf** kann sich jeder selbst testen. Zum Beispiel lässt sich erfahren, wie der gleiche Wein vor verschiedenen Lichtinstallationen plötzlich ganz anders schmeckt. Ein paar Schritte weiter, am „Aroma-Weinberg", lassen sich die unterschiedlichen Weinaromen ergründen. Die „Weinerlebniswelt" befindet sich seit 2003 in der ehemaligen Abfüllhalle des Weinguts Allendorf, geöffnet ist in der Regel täglich außer sonntags (www.allendorf.de). Das Weingut Fritz Allendorf befindet sich in der Kirchstraße 69. Oestrich-Winkel ist die Stadt mit der größten Anbaufläche im Rheingau. Entsprechend groß sind die Unterschiede zwischen den Einzellagen. Die Weine aus dem Ortsteil Winkel sind z. B. meistens würziger und eleganter als die aus den eher flachen Lagen von Oestrich. Auch die Rieslinge aus dem Ortsteil Hallgarten gelten als kräftig und würzig und liefern auch in schlechten Jahrgängen gute Ergebnisse. Den Hallgartner Weinprobierstand hat man mitten in den Weinbergen errichtet, von hier hat man einen schönen Blick über den Rhein. Unweit davon beginnt ein **Lehrpfad** zum Thema Wein, hier erfährt man Wissenswertes. Weitere **Weinprobierstände** von Oestrich-Winkel befinden sich direkt am Rhein. Einer davon befindet sich in der Nähe des Fähranlegers im Ortsteil Mittelheim, ein weiterer ist in der Nähe des Weinverladekrans in Oestrich zu finden. Geöffnet sind alle drei vom Frühjahr bis zum Herbst in der Regel nachmittags an Wochenenden. Ungünstige Witterung oder Veranstaltungen, aber auch sonstige unvorhersehbare Gründe können zu Änderungen führen. Daher empfiehlt es sich, die genauen Zeiten vor Ort zu erkunden. Weinprobierstände erfreuen sich in den letzten Jahrzehnten zunehmender Beliebtheit. Meist werden an ihnen im wöchentlichen Wechsel die Weine jeweils eines lokalen Weinguts ausgeschenkt.

Mariae Himmelfahrt in Hallgarten

ralere Gesellschaft zu führen. Von Itzstein zog 1848 in die Frankfurter Nationalversammlung, setzte sich für Presse- und Meinungsfreiheit sowie für Justizreformen ein. Sein ehemaliges Zuhause ist heute in Privatbesitz und kann nicht von innen besichtigt werden. Das Grabmal des Politikers befindet sich auf dem örtlichen Friedhof.

Niederwaldstraße 7 • 65375 Oestrich-Winkel OT Hallgarten

10 PFARRKIRCHE MARIAE HIMMELFAHRT

S. 58

Die ältesten Teile der Kirche wurden im 12. Jahrhundert gebaut, das heutige Erscheinungsbild ist ein Ergebnis einer jahrhundertelangen Bautätigkeit. Besonders interessant ist die Figur der Hallgartener Madonna. Geschaffen wurde die Tonfigur im frühen 15. Jahrhundert. Wegen des Weinkruges in der Hand auch „Madonna mit der Scherbe“ genannt, gilt sie als Patronin der Weinschröter (Männer, die Weinfässer transportierten). Eine fast gleiche Figur findet sich im Louvre. Der Kunsthistoriker Wilhelm Vöge schrieb 1908, dass jenes Exemplar sich ursprünglich im Kloster Eberbach befunden habe und während des 17. Jahrhunderts durch die Truppen Ludwigs XIV. geraubt und nach Paris gebracht wurde.

Zangerstraße 3 • Pfarrbüro: Pfarrgasse 1 • 65375 Oestrich-Winkel OT Hallgarten • Tel.: 06723 3467 • www.schroetermadonna.de

AKTIV

AUF DEM RHEIN

Im Gebiet der Städte Mainz und Koblenz wird der Rhein jeweils durch mehrere Brücken überquert. Dazwischen jedoch – und das ist ungewöhnlich für Mitteleuropa – fehlt auf immerhin 84 km Länge diese Art der Verbindung mit dem anderen Ufer. Kein Wunder, denn der Fluss ist im Rheingau an vielen Stellen um die 800 m breit. Die Ingenieure des 19. Jahrhunderts standen vor Herausforderungen, die vom wirtschaftlichen Aspekt her betrachtet kaum sinnvoll zu lösen waren. Im 21. Jahrhundert haben neben der Kosten-Nutzen-Analyse zusätzliche Naturschutzbedenken entsprechende Überlegungen kaum über das Stadium der Planung hinauskommen lassen. Somit erlangt die Schifffahrt als Transportmittel, aber auch als touristisches Fortbewegungsmittel hier einen besonderen Stellenwert.

FÄHREN

Eine Querung des Rheins mit einer Fähre ist im Rheingau praktisch überall da möglich, wo sich rechts- und linksrheinisch größere Orte gegenüberliegen. Von Walluf verkehren die Schiffe der Fähr- und Schifffahrtsbetriebe Nikolay ins Rheinhessische Budenheim. Im Oestrich-Winkler Ortsteil Mittelheim legen die Rheinfähren der Maul GmbH nach Ingelheim ab. Die Bingen-Rüdesheimer Schifffahrtsgesellschaft verbindet beide im Firmennamen vertretenen Orte, und zwischen Lorch und Niederheimbach pendelt die Fähre von Michael Schnaas.

AUSFLUGSFAHRTEN

Die Fahrpläne der Ausflugsschiffe unterscheiden sich je nach Anbieter und variieren zudem saisonal. Die Köln-Düsseldorfer Deutsche-Rheinschifffahrts-AG, die Bingen-Rüdesheimer Fähr- und Schiffahrtsgesellschaft eG, die Rössler-Linie oder die Charterliner GmbH van de Lücht bringen ihren Gästen auf verschiedenen Routen die Schönheiten von Rheingau und Mittelrheintal nahe. Über die Fahrpläne der Fähr- und Ausflugsfahrten erteilen die örtlichen Tourist-Informationen Auskunft. Die Schifffahrtsgesellschaften veröffentlichen Ablegezeiten z. B. auf ihren Internetseiten oder direkt an den gut zu erreichenden Anlegestellen in den Orten.

GEISENHEIM

Ein schöner Marktplatz mit einer altehrwürdigen, rund 700-jährigen Linde bildet das Zentrum der Stadt Geisenheim. In den vier in den 1970er Jahren zusammengefügten Ortsteilen Geisenheim, Johannisberg, Marienthal und Stephanshausen leben heute rund 12.000 Menschen. In Geisenheim ist man stolz auf seine Geschichte, mehrere Schlösser liegen in unmittelbarer Nähe. Aber auch als Hochschulstandort hat sich die Stadt einen Namen gemacht. Hier, am international renommierten Ausbildungs- und Forschungsinstitut, werden Kenntnisse zur Praxis des Weinbaus vermittelt, hier wird die Weinkultur nicht nur gelebt, sondern zur Wissenschaft erhoben.

siehe große Karte S. 70/71

ANREISE

Auto Etwa 20 km westlich von Wiesbaden befindet sich Geisenheim. Die Distanz bewältigt man relativ schnell über die gut ausgebaute B 42. Da es sich bei der Bundesstraße quasi um den Hauptverkehrsweg in der Region handelt, kommt es zeitweise zu einem hohen Verkehrsaufkommen.

Bahn Über die stark frequentierte rechtsrheinische Strecke Wiesbaden–Koblenz ist eine bequeme und schnelle Anreise mit der Regionalbahn zum Geisenheimer Bahnhof möglich. Die Züge verkehren regelmäßig, die Fahrzeit nach Wiesbaden beträgt dabei rund eine halbe Stunde, nach Koblenz etwa das Doppelte.

Schloss Schönborn

REISEINFORMATION

Fremdenverkehrsamt Rüdesheimer Straße 48 • 65366 Geisenheim • Tel.: 06722 7010 • www.geisenheim.de • Mo.–Do. 8–12/14–15.30 Uhr, Fr. 8–12 Uhr

NICHT VERPASSEN! Der idyllische **Marktplatz** mit seiner uralten Linde dominiert das Zentrum. Der **Rheingauer Dom** wird allein wegen seiner Größe so genannt. Einst Alterssitz für einen Industriellen, ist die **Villa Monrepos** heute Sitz der Hochschule. Im **Kloster Marienthal** leben heute noch einige Mönche nach den Regeln des Heiligen Franz von Assisi. Außerhalb des Ortszentrums fügt sich **Schloss Johannisberg** harmonisch in die von Weinbergen dominierte Umgebung ein.

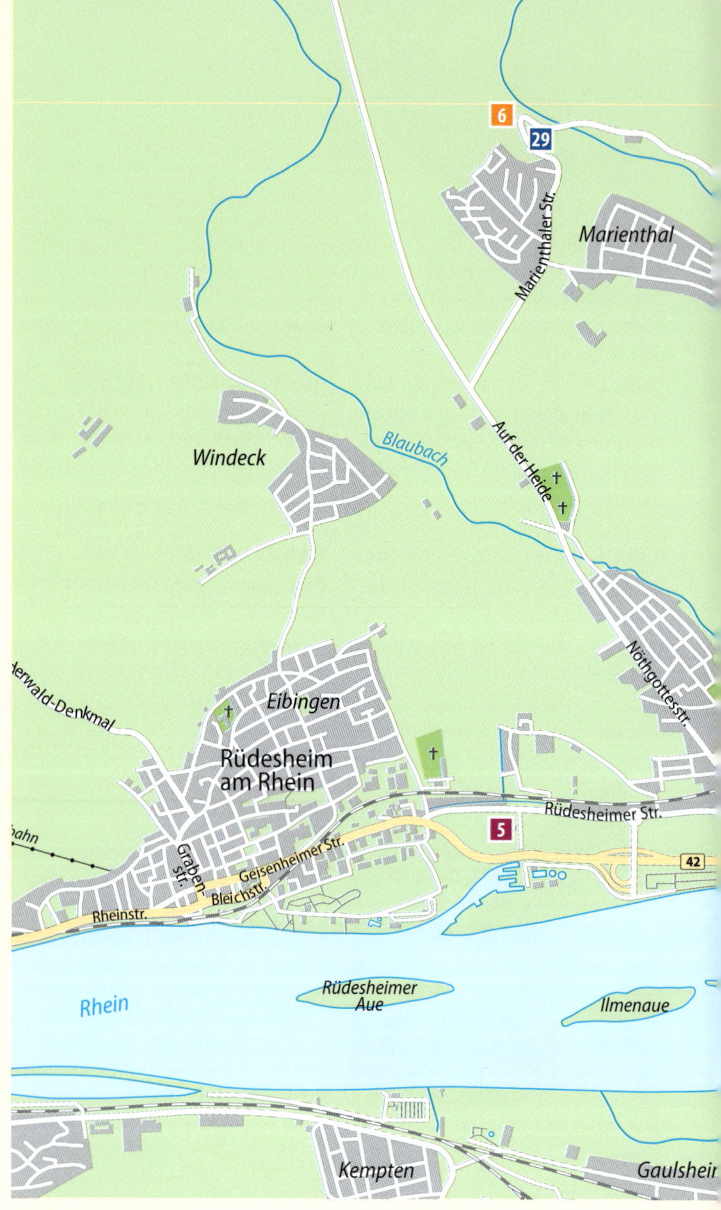
6
29
Marienthaler Str.
Marienthal
Windeck
Blaubach
Auf der Heide
Nöthgottesstr.
Eibingen
Rüdesheim
am Rhein
Rüdesheimer Str.
5
42
Graben-
str.
Geisenheimer Str.
Bleichstr.
Rheinstr.
Rhein
Rüdesheimer
Aue
Ilmenaue
Kempten
Gaulsheir

GEISENHEIM UND UMGEBUNG

1 Schloss Schönborn S. 73
2 Kirche Heilig Kreuz S. 73
3 Lindenplatz S. 73
4 Villa Monrepos S. 74
5 Schloss Johannisberg S. 74
6 Kloster Marienthal S. 77

ÜBERNACHTUNG UND GASTRONOMIE

29 Waldhotel Rheingau S. 126
30 Rheingaucamping/ Rheinpavillon S. 126
31 Landgasthaus König S. 126
32 Restauration Weis S. 126
33 Bootshaus Geisenheim S. 126
34 Winzerhaus Johannisberg S. 126
35 Johannisberger Hof – Da Sabato e Claudia S. 127

AKTIV

5 Rheingau-Bad Geisenheim S. 131
14 Glück-Ab Ballonfahrten S. 133
20 Bike & Fun S. 134

1 SCHLOSS SCHÖNBORN
S. 71

Mitte des 16. Jahrhunderts als „Stockheimer Hof" erbaut, erwarb Philipp Erwein von Schönborn, Mitglied der traditionsreichen Adelsfamilie, den Adelshof. In der zweiten Hälfte des 19. Jahrhunderts wurden Umbauten durchgeführt, die den Renaissance-Stil nachempfanden. Heute können einige Räume des prächtigen Anwesens für Feiern gemietet werden. Außerdem stehen luxuriöse Gästezimmer zur Übernachtung zur Verfügung. Bei dieser Gelegenheit sollte man einen Blick auf die barocken Schnitzereien aus dem späten 17. Jahrhundert an Decke, Wand und Türen werfen. Eine Besichtigung im eigentlichen Sinne ist nicht möglich.

Winkeler Straße 64 • 65366 Geisenheim • Tel.: 06722 75375 • www.rheingau-exklusiv.de

2 KIRCHE HEILIG KREUZ
S. 71

Die im Volksmund „Rheingauer Dom" genannte Kirche erhielt ihren Beinamen allein wegen ihrer Größe, denn Bischofssitz war Geisenheim zu keiner Zeit. Im frühen 16. Jahrhundert wurde das Bauwerk anstelle einer rund 300 Jahre zuvor entstandenen Kirche errichtet. Die heutigen Türme stammen aus dem 19. Jahrhundert vom Geisenheimer Architekten Philipp Hoffmann. Dabei fällt auf, dass der rechte der beiden 46 Meter hohen Türme etwas reicher verziert ist. Grund dafür ist der nach einem Blitzeinschlag notwendig gewordene Wiederaufbau. Sehenswert in einem der beiden Seitenschiffe ist ein Dreikönigsaltar aus dem späten 15. Jahrhundert. Weiterhin findet man einige Grabmale der ortsansässigen Adelsfamilien Schönborn, von Osten und von Stockheim.

Bischof-Blum-Platz 1 • 65366 Geisenheim • Tel. Pfarrbüro: 06722 750740 • www.heilig-kreuz-rheingau.de

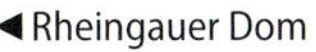
◄ Rheingauer Dom

„Rheingauer Dom"

3 LINDENPLATZ
S. 71

Schon das Eisengestell, welches der betagten Geisenheimer Winterlinde Halt gibt, steht bereits zwei Jahrhunderte. Seit 700 Jahren etwa dominiert der wuchtige

Villa Monrepos

Baum den Platz. Früher fanden Gerichtsverhandlungen und öffentliche Ratssitzungen in seinem Schatten statt, heute wird auf dem von hübschen Fachwerkhäusern gesäumten Platz im Juli jeden Jahres das Lindenfest gefeiert.

4 VILLA MONREPOS S. 71

Eduard von Lade ließ sich Villa und Park in den 1860er Jahren errichten. Durch Bank- und Waffengeschäfte zu Reichtum gelangt, konnte von Lade sich bereits als Mittvierziger zur Ruhe setzen und sich seinen privaten Leidenschaften widmen. So beschäftigte er sich mit Astronomie (ein Krater auf dem Mond trägt seinen Namen) oder mit Obstbau (mehrere von ihm gezüchtete Obstsorten tragen ebenso seinen Namen). Bei Wilhelm I. sowie Reichskanzler Otto von Bismarck hatte von Lade für die Errichtung einer Forschungsanstalt für Garten- und Weinbau geworben – letztlich erfolgreich. Eduard von Lade starb 1904 und fand seine letzte Ruhe in der Familiengruft auf dem Friedhof Geisenheim. Die von ihm gegründete Forschungsanstalt existiert heute noch als „Hochschule Geisenheim University" und bietet fachspezifische Bachelor- und Masterstudiengänge.

Hochschule Geisenheim University • Von-Lade-Straße 1 • 65366 Geisenheim • Tel.: 06722 5020 • www.hs-geisenheim.de

5 SCHLOSS JOHANNISBERG S. 71

Die Anhöhe in der Nähe des Geisenheimer Ortsteils Johannisberg, auf der heute das Schloss thront, war bereits zu Beginn des 12. Jahrhunderts Standort eines dem Heiligen Johannes geweihten Bene-

Schloss Johannisberg

diktinerklosters. Der Name der Anhöhe hat sich gehalten, das Kloster wurde 1563 aufgelöst. Weinbau wird auf dem Johannisberg schon seit dem 8. Jahrhundert betrieben. Einer Legende nach soll Karl der Große von seiner Pfalz in Ingelheim auf der anderen Rheinseite aus beobachtet haben, dass der Schnee auf dem Johannisberg früher als anderswo schmolz. Diese Tatsache soll der Anlass für die ersten Anpflanzungen von Reben an diesem Ort gewesen sein.

MÜLLER-THURGAU

Seinen ursprünglichen Plan, Lehrer zu werden, gab Hermann Müller aus dem schweizerischen Thurgau schnell auf. Von den Naturwissenschaften, besonders der Botanik, fasziniert, kam er nach mehreren Zwischenstationen als 26-Jähriger 1876 an die Forschungsanstalt Geisenheim und wirkte dort an leitender Stelle. Während seiner 14-jährigen Tätigkeit im Rheingau gelang es ihm u. a., aus den Reben des Rieslings und des Madeleine Royal eine neue, nach ihm benannte Rebsorte zu züchten. Müller-Thurgau, die ertragreiche, an Klima und Boden relativ geringe Ansprüche stellende Sorte, auch unter dem Namen „Rivaner" bekannt, wird heute in Deutschland auf etwa einem Achtel der Weinberge kultiviert und belegt damit hinter dem Riesling Platz zwei. Im Rheingau findet sie sich gerade einmal auf rund 80 Hektar, das sind weniger als zwei Prozent der Anbaufläche. In den Anbaugebieten Rheinhessen und Baden dagegen ist jeder sechste, in Franken sogar jeder vierte Weinstock ein Exemplar der in Geisenheim gezüchteten Sorte. Hermann Müller heiratete eine Rheingauerin und ging 1890 zurück an ein Institut in seiner Schweizer Heimat. Er verstarb im Jahr 1927.

DIE „ERFINDUNG" DER SPÄTLESE

„Der Kurier des Klosters Johannisberg bringt den verzweifelt wartenden Mönchen verspätet die Lesegenehmigung des Fürstabtes von Fulda. So entdeckte man um 1775 den Wert der Edelfäule und der Spätlese." Diese Information finden wir am Sockel des Spätlesereiter-Denkmals im Hof von Schloss Johannisberg. Die Mönche hätten jedenfalls den ihrer Meinung nach verdorbenen Wein dennoch geerntet und verarbeitet. Bei der ersten Probe ein paar Monate später waren sie von der Qualität des jungen Weins angenehm überrascht. Ob sich die Geschichte so zugetragen hat oder nicht, sei einmal offengelassen. Möglicherweise gab es schon früher Versuche, später geerntete Trauben mit einsetzender Edelfäule zu verarbeiten. Das gegenwärtige Weinrecht verlangt von Weinen, die sich Spätlese nennen, ein bestimmtes Mindest-Mostgewicht. Der Termin der Lese ist dagegen egal.

Die Fürstäbte von Fulda, ab 1716 Eigentümer des Johannisbergs, ließen die Klostergebäude abreißen und errichteten das heutige Schloss. In der napoleonischen Ära kam es zu mehreren Besitzerwechseln. Infolge des Wiener Kongresses fiel der Besitz an Kaiser Franz I. von Österreich, dieser schenkte den Komplex seinem Staatskanzler Klemens Fürst von Metternich. Die im Zweiten Weltkrieg zerstörte Anlage wurde in den 1950er Jahren wiederaufgebaut. Dabei wurden Kirche und Schloss weitgehend in den ursprünglichen Zustand zurückversetzt. Heute werden Gruppenführungen (auf Voranmeldung) durch das Schloss veranstaltet. Zudem besteht die Möglichkeit, die Produkte der hiesigen Domäne in der Vinothek zu erwerben. Das Schloss ist darüber hinaus Austragungsort von Veranstaltungen wie etwa dem Rheingau-Musik-Festival.

Schloss Johannisberg • 65366 Geisenheim-Johannisberg • Tel.: 06722 70 090 • www.schloss-johannisberg.de

◀ Klosterkirche Marienthal

6 KLOSTER MARIENTHAL

S. 71

Zwei Kilometer vom Geisenheimer Ortskern befindet sich der Ortsteil Marienthal. Das hier ansässige Franziskanerkloster geht zurück auf eine Legende aus dem 14. Jahrhundert. Damals sollen sich an einem (heute in der Wallfahrtskirche befindlichen) Marienbildnis mehrere wundersame Heilungen ereignet haben. Infolge dessen wurde die Stelle zu einem Wallfahrtsort, einem der ältesten in Deutschland übrigens. Die Wallfahrtskirche, im 14. Jahrhundert errichtet, später teilweise zerstört, baute man 1858 wieder auf. Der Bildfries an den Wänden sowie die Glasfenster wurden vom Kiedricher Künstler A. F. Martin am Ende des 19. Jahrhunderts geschaffen. Eine bemerkenswerte Tatsache aus der Geschichte ist zudem, dass die Klosterbrüder 1468 hier die erste, heute jedoch nicht mehr existierende Klosterdruckerei eröffneten. Die „Marienthaler Presse" war knapp drei Jahrzehnte nach Gutenbergs Erfindung die siebente Druckerei europaweit. Seit 1859 gibt es einen Kreuzweg. Dieser führt interessierte Besucher zu verschiedenen Stationen, an denen den „Sieben Schmerzen Marias" gedacht wird. Für Gäste, die einige Tage ernsthaft und bewusst am einfachen Leben im Kloster teilhaben möchten, bieten die Mitglieder des Ordens ein „Kloster zum Mitleben" an. Infos dazu auf der Website.

Kloster Marienthal 1 • 65366 Geisenheim OT Marienthal • Tel.: 06722 99 580 • www.franziskaner-marienthal.de

WEINREGION GEISENHEIM

„Johannisberger" gilt in manchen Ländern oft als Synonym für Riesling vom Rhein. Kein Wunder, denn der Wein aus dem Geisenheimer Ortsteil besticht häufig durch ein großartiges Bukett, eine reiche Frucht sowie Harmonie und Eleganz. „Mon Dieu, wenn ich soviel Glauben in mir hätte, dass ich Berge versetzen könnte, der Johannisberg wäre just derjenige, den ich mir überall nachkommen ließe", schwärmte schon Heinrich Heine. Das Wort des Dichters ist auf einem Fass im Keller des **Schlosses Johannisberg** zu finden. Am **Spätlesereiter-Denkmal** unterdessen beginnt ein 7 km langer **Weinwanderweg**. Auf etwa 20 Tafeln erfährt man unterwegs Wissenswertes über das Thema. Allerdings sollte man genügend Zeit einplanen, denn die Landschaft ist zu schön, um achtlos daran vorbeizueilen. Und dem Weingenuss ist es zudem förderlich, wenn man am Abend mit dem Glas in der Hand die Eindrücke vom Spaziergang des Tages zum Ort des Rebenanbaus Revue passieren lassen kann. Johannisberg liegt am 50. Breitengrad, lange Zeit galt dieser als nördliche Grenze des Weinbaus. Zwar gilt diese These längst als widerlegt, das entsprechende Denkmal in den Weinbergen wird aber nach wie vor gern als Fotomotiv genutzt. Wer selbst keine Schrifttafeln lesen möchte, für den veranstalten verschiedene Weingüter von Geisenheim geführte Wanderungen. Auch die „Johannisberger Weinkritik", eine 1946 gegründete Weinbruderschaft, unterbreitet gelegentlich entsprechende Angebote. Unter der Rubrik „Wein, Tourismus und Kultur" findet man aktuelle Termine auf www.geisenheim.de. Und natürlich kann man den Wein von hier auch an den beiden **Probierständen des Ortes** genießen. Einer davon befindet sich im Ortsteil Johannisberg, Hohlweg 23, der andere ist am Rheinufer in Geisenheim zu finden. Von Frühjahr bis Herbst dürfte bei vernünftiger Witterung zumindest an den Wochenenden ab dem Nachmittag geöffnet sein. Genaue Zeiten erfährt man vor Ort.

AKTIV

RHEINGAUER RIESLING-ROUTE

(70 km)

Für Entdecker, die auf das Auto nicht verzichten wollen, bietet sich die mit einem stilisierten, weißen Weinglas auf grünem Grund ausgeschilderte Strecke abseits der stark befahrenen Bundesstraße an. Die weniger frequentierten Nebenstraßen machen es möglich, gefahrlos einen Blick in die Landschaft zu werfen oder einen Stopp einzulegen, ohne zum Hindernis für andere Verkehrsteilnehmer zu werden. Dennoch ermöglicht es die „Riesling-Route", wichtige Sehenswürdigkeiten des Rheingaus in relativ kurzer Zeit zu besuchen. Es lohnt sich also für Autofahrer, die B 42 einmal zu ignorieren.

RHEINGAUER RIESLING-PFAD

(120 km)

Geisenheim liegt in der Mitte, denn die Tour beginnt in Wicker, einem Ortsteil von Flörsheim am Main, dem östlichen Ende des Weinbaugebiets Rheingau. Von hieraus folgt die Route über Hügel und Weinberge – vereinfacht gesagt – dem Lauf des Mains bis zur Mündung und dann dem Rhein bis nach Kaub. Dabei stehen für Teilstrecken mitunter verschiedene Alternativvarianten zur Verfügung. Neben den landschaftlichen Reizen hat der „Riesling-Pfad" den Vorteil, fast alle wesentlichen Sehenswürdigkeiten der Region miteinander zu verbinden. Die Tour lässt sich gut in Abschnitte einteilen, zumal Weingüter und gastronomische Betriebe zum Verweilen einladen. Somit kann Geisenheim als guter Start für Erkundungen entlang des „Riesling-Pfads" empfohlen werden. Allerdings ist es ratsam, die Übernachtungen zwischen den Tagestouren im Vorfeld zu planen. Markiert ist der „Riesling-Pfad" mit Schildern, auf denen ein gelbes Glas auf grünem Grund zu finden ist.

MÜHLENWANDERWEG ELSTERBACHTAL

(5 km)

An der Querung der Straße „Grund" über dem Elsterbach beginnt der Rundweg zu den Zeugnissen der Wasserkraft-Nutzung. Einst waren es rund doppelt so viele, heute existieren noch ein gutes halbes Dutzend Wassermühlen. Der ausgeschilderte Weg führt flussaufwärts bis zum Kloster Martinsthal und von dort über leicht veränderte Strecke zurück.

RÜDESHEIM UND UMGEBUNG

Die Zahl der jährlichen Touristen übersteigt die Einwohnerzahl von rund 10.000 um ein Vielfaches. Rüdesheim gehört zu den Top-Zielen für Deutschland-Touristen. Es mag an der Kombination aus der idyllischen, fast klischeebeladenen Landschaft und dem vermeintlich typisch Deutschem liegen, die Rüdesheim so anziehend macht. Klar, ein Bummel durch die Drosselgasse oder ein Besuch des Niederwald-Denkmals gehören einfach dazu. Und es hat sicher seinen Reiz, gerade hier einen „Rüdesheimer Kaffee" zu genießen. Doch hat man damit Ort und Region wirklich kennengelernt? Begeben Sie sich einfach selbst auf Spurensuche.

ANREISE

Auto Von Wiesbaden oder Koblenz folgt man der B 42 entlang dem Rhein. Die Entfernung von der hessischen Landeshauptstadt beträgt rund 30 km, von Koblenz rund 66 km.

Brömserburg

siehe große Karte S. 82/83

Bahn Rüdesheim und der Ortsteil Assmannshausen haben jeweils einen eigenen Bahnhof an der rechtsrheinischen Strecke zwischen Wiesbaden und Koblenz. Die beiden Stationen liegen rund 4 km auseinander und werden von den Regionalbahnen bedient.

REISEINFORMATION

Tourist-Info der Rüdesheimer Tourist AG Rheinstraße 29 a • 65385 Rüdesheim am Rhein • Tel.: 06722 906150 • www.ruedesheim.de • Apr.–Okt. Mo.–Fr. 8.30–18.30 Uhr, Sa./So. 10–16 Uhr, Nov.–März Mo.–Fr. 10–16 Uhr

NICHT VERPASSEN! Ein wenig verkitscht durch den Massentourismus, aber gerade deshalb so besonders, ist die unbedingt sehenswerte **Drosselgasse**. Ob auf einem Spaziergang die Weinberge hinauf oder mit der **Seilbahn** – die nicht zu übersehende **Germania vom Niederwald** kann ebenfalls nicht über Gäste klagen. Stiller und besinnlicher wird es in der **Abtei St. Hildegard**. Kindheitserinnerungen werden wach bei einem Besuch des **Spielzeug- und Eisenbahnmuseums**. Längst zu einer überregional bekannten Institution hat sich **Siegfrieds Mechanisches Musikkabinett** entwickelt.

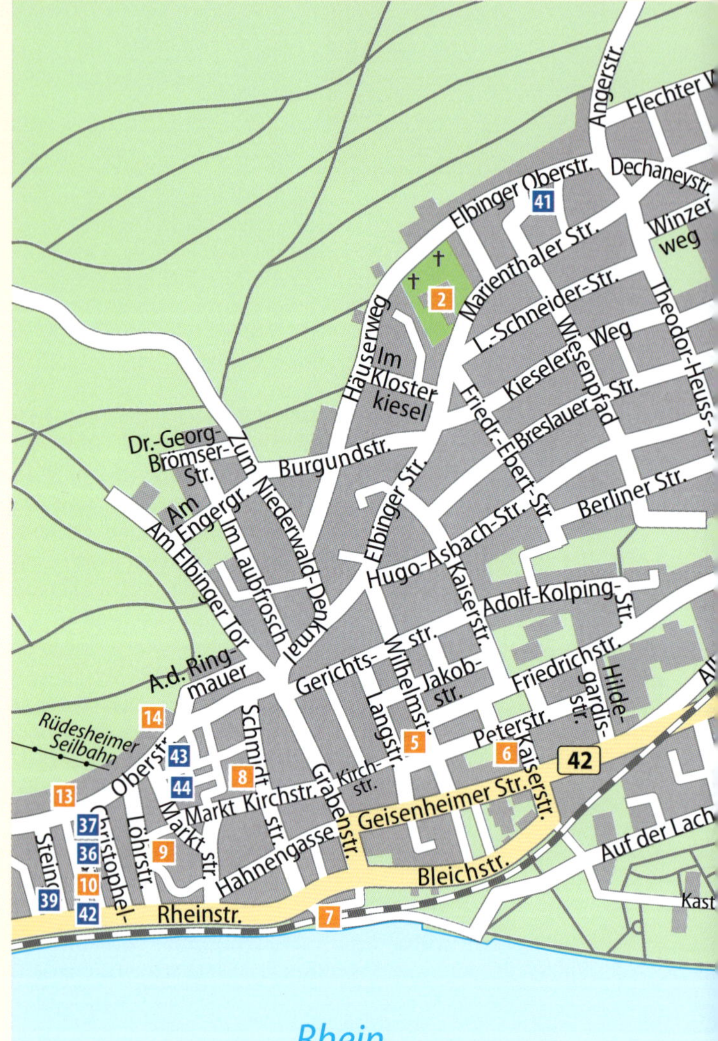
Angerstr.
Flechter W
Dechaneystr.
Elbinger Oberstr.
41
Winzerweg
Marienthaler Str.
2
L.-Schneider-Str.
Theodor-Heuss-Str.
Wiesenpfad
Kieselers Weg
Häuserweg
Im Klosterkiesel
Friedr.-Ebert-Str.
Breslauer Str.
Dr.-Georg-Brömser-Str.
Zum Niederwald-Denkmal
Burgundstr.
Elbinger Str.
Berliner Str.
Am Engergr.
Am Elbinger Tor
Im Laubfrosch
Hugo-Asbach-Str.
Kaiserstr.
Adolf-Kolping-Str.
A.d. Ringmauer
Gerichtsstr.
Wilhelmstr.
Jakobstr.
Friedrichstr.
Hildegardisstr.
Schmidtstr.
Langstr.
Peterstr.
14
Rüdesheimer Seilbahn
43
5
6
42
Oberstr.
44
8
Kirchstr.
Grabenstr.
Geisenheimer Str.
13
Markt
Kirchstr.
Marktstr.
37
Christophel-
Löhrstr.
Steing
36
9
Hahnengasse
Auf der Lach
10
Bleichstr.
39
42
Rheinstr.
7
Kast
Rhein

RÜDESHEIM

1, 4, 11, 12, 15 siehe Karte S. 103
2 Katholische Wallfahrtskirche St. Hildegard S. 84
3 Asbach Besucher-Center S. 86
5 Evangelische Kirche S. 87
6 Toy-Museum S. 88
7 Adlerturm S. 88
8 Katholische Kirche St. Jakobus S. 89
9 Klunkhardshof S. 89
10 Drosselgasse S. 90
13 Siegfrieds Mechanisches Musikkabinett S. 92
14 Mittelalterliches Foltermuseum S. 94

ÜBERNACHTUNG UND GASTRONOMIE

36 Lindenwirt S. 127
37 Breuers Rüdesheimer Schloss S. 127
39 Hoteltraube Rüdesheim S. 128
41 Eibinger Zehnthof S. 128
42 Restaurant Rosenberger S. 128
43 Restaurant Café Stadt Frankfurt S. 128
44 Ratsstube S. 128

AKTIV

1 Asbach-Bad S. 131

1 ABTEI ST. HILDEGARD S. 103

ENTDECKER-TIPP

Karl Fürst zu Löwenstein-Wertheim-Rosenberg, ein in der katholischen Kirche sehr aktiver Reichstagsabgeordneter, ergriff die Initiative zur Wiederbelebung des untergegangenen Klosters der Heiligen Hildegard von Bingen. Im Jahr 1900 erfolgte die Grundsteinlegung für den Gebäudekomplex im neoromanischen Stil, vier Jahre später zogen die ersten Benediktinerinnen ein. Die Ordensregel des Heiligen Benedikts sieht vor, dass die Klostergemeinschaften ein Leben von ihrer eigenen Hände Arbeit führen sollen. In diesem Sinne betreiben die Benediktinerinnen eine Restaurierungswerkstatt für historische kirchliche Dokumente. In einer Goldschmiede werden sakrale Gegenstände, aber auch Schmuckstücke gefertigt. Zudem entstehen in einer Keramikwerkstatt entsprechende kunstgewerbliche Gegenstände. Da selbst die Heilige Hildegard nichts gegen maßvollen Weingenuss einzuwenden hatte, lag es nahe, die umliegenden Weinberge zu bewirtschaften. Die Weine des acht Hektar großen Klosterweinguts sowie die Erzeugnisse aus den Werkstätten werden im Klosterladen zum Verkauf angeboten. Im Sortiment des Shops finden sich weiterhin – ganz im Sinne der mittelalterlichen Gelehrten – eine Vielzahl von Hildegard-Produkten, vor allem die Werke der großen Kirchenlehrerin, aber auch eine Reihe von Gesundheitsprodukten, z.B. auf der Basis von Dinkel. Für Besucher befindet sich ein Klostercafé vor Ort. Im Kunstkeller unterhalb des Klosterladens finden regelmäßig Ausstellungen statt. Natürlich steht in einem Kloster das geistliche Leben im Mittelpunkt. Gäste – egal ob Wallfahrer oder an einer Auszeit mit Exerzitien Interessierte – haben die Möglichkeit, sich in verschiedener Form mit dem Leben im Kloster vertraut zu machen. Genaue Infos gibt es auf der Website. Im Gästehaus stehen 20 Zimmer zur Verfügung, es gibt ein umfangreiches Kurs- und Seminarprogramm.

Vereinigung der Benediktinerinnen zu St. Hildegard e.V. • Abtei St. Hildegard 1 • 65385 Rüdesheim am Rhein • Tel.: 06722 499-0 • www.abtei-st-hildegard.de

2 KATHOLISCHE WALLFAHRTSKIRCHE ST. HILDEGARD S. 83

Hildegard von Bingen gründete im Jahr 1152 ihr erstes Kloster namens Rupertsberg auf der linken Rheinseite in der Nähe der Mündung der Nahe. Dreizehn Jahre später und offenbar überwältigt vom starken Zulauf, gründete die mittelalterliche Gelehrte zusätzlich ein Kloster auf der anderen Rheinseite in Eibingen. Ein wesent-

▶ Abtei St. Hildegard

HILDEGARD VON BINGEN

Geboren wurde die Gelehrte des Mittelalters 1098 im rheinhessischen Bermersheim. Mit 16 Jahren trat sie in die dem Mönchskloster Disibodenberg angeschlossene Frauenklause ein und wurde später selbst Benediktinerin. Im Kloster erhielt sie eine umfassende Bildung – zu einer Zeit, als selbst Kenntnisse im Lesen und Schreiben alles andere als selbstverständlich waren. 1136 wurde sie zur „Magistra" des kleinen Frauenkonvents auf dem Disibodenberg gewählt. 1152 gründete sie ihr eigenes Kloster auf dem Rupertsberg bei Bingen, 1165 schließlich ein zweites auf der anderen Rheinseite in Eibingen. Die heutige Abtei St. Hildegard ist das offizielle Nachfolgekloster der beiden untergegangenen Klöster. Die Heilige Hildegard hat ein umfangreiches theologisches, philosophisches, musikalisches sowie natur- und heilkundliches Werk hinterlassen. Auch wenn einige naturwissenschaftliche Fakten heutigen Anforderungen nicht mehr standhalten, so gilt Hildegard von Bingen als letzte große Universalgelehrte des Mittelalters. Sie starb 81-jährig im Jahr 1179 und wurde viele Jahrhunderte als Volksheilige verehrt. Papst Benedikt XVI. sprach sie am 10. Mai 2012 offiziell heilig und ernannte sie am 7. Oktober 2012 zur Kirchenlehrerin.

licher Unterschied zwischen beiden Klöstern bestand darin, dass in Rupertsberg ausschließlich Adlige aufgenommen wurden, während Eibingen auch Frauen bürgerlicher Herkunft offenstand. Im Dreißigjährigen Krieg wurde Kloster Rupertsberg zerstört, die Nonnen suchten in Eibingen Zuflucht. Es gelang ihnen, ihre Reliquien in der Eibinger Kirche in Sicherheit zu bringen, diese befinden sich seither dort und werden heute in einem vergoldeten Schrein verwahrt. Nach der Säkularisierung 1803 diente die Klosterkirche der örtlichen Gemeinde als Ersatz für die baufällige Pfarrkirche. Nach einem Brand im Jahr 1932 wurde die Kirche in ihrer heutigen Form neu aufgebaut. An der Südseite befindet sich eine Skulptur der Heiligen Hildegard.

Marienthaler Straße 3 • 65385 Rüdesheim am Rhein/Eibingen • Tel.: 06722 4520 • www.heilig-kreuz-rheingau.de

3 ASBACH BESUCHER-CENTER S. 83

Hugo Asbach hatte in Frankreich die Herstellung von Cognac studiert, bevor er 1892 in Rüdesheim sein erworbenes Wissen praktisch anzuwenden begann. Sein „Weinbrand" – Asbach „erfand" diesen Begriff als deutsches Synonym für Cognac – wurde schnell zur Erfolgsgeschichte. In den 1920er Jahren füllte die Firma erstmals Pralinen mit dem Getränk. Die Marke zeichnet sich durch Beständigkeit aus, der Slogan „Im Asbach Uralt liegt der Geist des Weines" begleitet die Konsumenten schon seit den 1930er Jahren.

Zwei Jahrzehnte später wurde der erste Rüdesheimer Kaffee gemixt. Ein Fernsehkoch der 1950er Jahre erfand die im Wirtschaftswunder-Deutschland beliebte Kreation, bei der eine Mischung aus Würfelzucker und Asbach Uralt in einer speziellen Tasse flambiert und danach mit Kaffee übergossen wird. Darauf kommt ein Schlagsahnehäubchen, über das wiederum geraspelte Schokoladensplitter gestreut werden. Durch Dauerpräsenz in der TV-Werbung der 1960er und 70er Jahre erfreute sich die Spirituose seinerzeit überdurchschnittlicher Beliebtheit. Bis 1991 war das Unternehmen in Besitz der Familie, gegenwärtig gehört die Rüdesheimer Firma zur „Semper idem Underberg GmbH". Das Besucherzentrum informiert über die Traditionsmarke Asbach, im Shop können Erzeugnisse aus der Produktpalette erworben werden. In der Rüdesheimer Tourist-Info besteht zudem die Möglichkeit, sich für eine professionelle Verkostung anzumelden.

Ingelheimer Straße 4 • 65385 Rüdesheim am Rhein • Tel.: 06722 497345 • www.asbach.de • März.– Dez. Di.–Sa. 9–17 Uhr

4 RUINE DER HINDENBURGBRÜCKE S. 103

Die Bauarbeiten für die Eisenbahnbrücke am Rhein-Kilometer 525,26 begannen 1913, zwei Jahre später ratterten die ersten Züge über das gut einen Kilometer lange Bauwerk. Im Ersten Weltkrieg hatte die Brücke militärisch-strategische Bedeutung. Letztlich führten auch militärische Gründe zu ihrer Zerstörung. Im März 1945 sprengte die Wehrmacht das imposante Bauwerk, um der vorrückenden US-Armee die Rheinüberquerung zu erschweren. Nach dem Krieg scheiterten Pläne eines neuen Brückenbaus u.a. an Kosten-Nutzen-Rechnungen. Am östlichen Ortsrand von Rüdesheim findet man Reste, die einen Eindruck von der gesamten Brücke vermitteln. Außerdem ragen einige Pfeiler aus dem Rhein.

5 EVANGELISCHE KIRCHE S. 83

Erbaut wurde die erste evangelische Kirche des Rheingaus 1855. Sehenswert ist u.a. das Weinstockfenster aus den 1960er Jah-

Evangelische Kirche

ren. Dargestellt werden biblische Szenen, aber auch Motive rund um das in der Region bedeutende Thema Weinbau. Die Kirche hat einen barrierefreien Zugang.

Evangelische Kirchgemeinde Rüdesheim am Rhein • Langstraße 6 • 65385 Rüdesheim am Rhein • Tel.: 06722 26 79 • www.evangelisch-ruedesheim.de

6 TOY-MUSEUM S. 83

Im Mittelpunkt der Schau steht eine Modelleisenbahnanlage, die auf rund 50 Kilometern das Mittelrheintal zwischen Rüdesheim und Koblenz im Zustand der 1930er bis 50er Jahre darstellt. Beim Betrachten fällt auf, wie viel Wert die Erbauer auf Details gelegt haben. Außerdem gibt es jede Menge Spielzeug aus den letzten 100 Jahren zu bestaunen. Puppen und Kaufmannsläden lassen bei manchen der älteren Besucher Erinnerungen lebendig werden. Einen weiteren Schwerpunkt stellen technische Spielgeräte dar, von Modellautos über Schiffe und Eisenbahnen bis hin zu Flugzeugen sind allerlei Dinge zu bewundern, die technikbegeisterte Kinderherzen verschiedener Generationen höher schlagen lassen.

Selzer Toy-Museum • Peterstraße 20 • 65385 Rüdesheim am Rhein • Tel.: 06 722 4024777 • www.toy-museum.de • Mo.–Fr. 8–18 Uhr, Sa./So. 11–18 Uhr, Jan.–März an Wochenenden geschl.

7 ADLERTURM S. 83

Ende des 15. Jahrhunderts erbaut, war der Turm einst Bestandteil der heute nur noch in Form weniger Mauerreste erhaltenen Stadtbefestigung. Der Name stammt übrigens von einem Gasthof, der sich bis ins 19. Jahrhundert in

Adlerturm

Klunkhardshof

dem Bauwerk befunden hat. Sogar Goethe nutzte während seiner Aufenthalte in Rüdesheim das Gasthaus „Zum Adler" zur Übernachtung. Eine Innenbesichtigung des 20 Meter hohen, direkt am Rhein liegenden Wahrzeichens der Stadt ist leider nicht möglich.

Am Adlerturm • 65385 Rüdesheim am Rhein

8 KATHOLISCHE KIRCHE ST. JAKOBUS S. 83

Ein Mitglied der örtlichen Adelsfamilie Brömser stiftete die gotische Saalkirche etwa 1400. Jedoch soll sich bereits im 11. Jahrhundert eine Kapelle an dieser Stelle befunden haben. Nach fast vollständiger Zerstörung gegen Ende des Zweiten Weltkrieges wurde die Kirche in der heutigen Form wiederaufgebaut. Sehenswert sind u.a. einige Grabstätten aus dem Mittelalter, ein Sandstein-Marienaltar aus dem Jahre 1600 sowie ein Gnadenbild aus dem ehemaligen Kloster Nothgottes.

Am Markt • 65385 Rüdesheim am Rhein • Tel.: 06722 906990 • www.heilig-kreuz-rheingau.de

9 KLUNKHARDSHOF S. 83

Die Bauherren und Namensgeber des stattlichen Fachwerkhauses, die Familie Klunkhard, können als durchaus einflussreich und wohlhabend angesehen werden. Einer der Klunkhards brachte es sogar zum Abt des Klosters Eberbach. Vor rund einem halben Jahrtausend erbaut, zählt das Gebäude zu den ältesten von Rüdesheim. Die attraktive Fassade zur Straße genügte den Repräsentationsansprüchen, die massive Rückwand ist gleichzeitig die Wehrmauer der ältesten Stadtbefestigung.

Klunkhardshof • 65385 Rüdesheim am Rhein

10 DROSSELGASSE S. 83

TOP-TIPP

Die bekannteste der Verbindungsstraßen zwischen der Rheinstraße und der Oberstraße, gleichzeitig eine der bekanntesten Straßen von Deutschland überhaupt, ist nur 144 Meter lang und zwei Meter breit. Ursprünglich wohnten hier lediglich ein paar Rheinschiffer in Nähe ihres Arbeitsplatzes. Doch spätestens seit im Zuge der Rheinromantik-Welle Reisende in größerer Zahl in den Rheingau strömen, begann der Boom des Gässchens. Im Jahr 1727 eröffnete das erste Lokal, unter den Kunden des heute noch existierenden „Drosselhofs" waren anfangs nur relativ selten Gäste von auswärts zu finden. Diese kamen erst ab dem 19. Jahrhundert. Nach den „Rheinromantikern" kurbelte das 1883 fertiggestellte Niederwalddenkmal den Tourismus an. In den 1950ern wurde die im Zweiten Weltkrieg fast völlig zerstörte Bebauung weitgehend originalgetreu wiederhergestellt. So sorgen noch heute hübsche Fachwerkbauten, teilweise umrankt von Wein, für das typische Flair. Bald kamen die Wirtschaftswunder-Bundesbürger zum Rieslingtrinken und Schunkeln in das Stück „Heile Welt". Heute sind US-Amerikaner und Asiaten, Skandinavier und Reisende aus den Benelux-Ländern auf der Suche nach dem, was im Ausland oft für „typisch deutsch" gehalten wird. Und meistens glauben sie, es hier gefunden zu haben. Die Souvenirshops tun ein Übriges, um Klischees zu bedienen, bieten Originelles und vor allem Kitsch. Weihnachtlich wird es in der Nähe des oberen Endes der Drosselgasse. Bei Käthe Wohlfahrt gibt es Räuchermännchen, Nussknacker, Baumbehang aus Glas, Spieldosen, edle Tischdekoration und vieles mehr – nicht nur im Dezember.

Drosselgasse • 65385 Rüdesheim am Rhein • www.drosselgasse.de • Käthe Wohlfahrt • Oberstraße 35 • 65385 Rüdesheim am Rhein • Tel.: 09861 4090 • www.wohlfahrt.com

11 BRÖMSERBURG (NIEDERBURG) S. 103

Erbaut wurde die einstige Zollburg in mehreren Abschnitten, wahrscheinlich im 9. bis 11. Jahrhundert. Die Burg erhielt ihren Namen von der Familie Brömser, deren Mitglieder hier eine Zeit lang lebten. Im Dreißigjährigen Krieg wurden Teile zerstört, später verfiel das Bauwerk. Ab 1811 begann ein Hofbaumeister des Herzogs von Nassau mit der Umgestaltung, bei der die alten Gemäuer zu damals modernen Wohnungen umfunktioniert wurden. Bewohnt war die einstige Burg bis 1937, danach kam sie in städtischen Besitz. Das heute im Haus befindliche Weinbaumuseum informiert über die Geschichte der Weinherstellung und der Kultur des Weingenusses

▶ Drosselgasse

DROSSELGASSE
EISCAFE
ENGEL
GESCHENKHAUS
LAUTER
HOTEL POS

Boosenburg

von der Antike bis zur Gegenwart. Fässer, Pressen, Kork- und Etikettier-Maschinen sind ebenso zu bewundern wie Trinkgefäße.

Rheinstraße 2 • 65385 Rüdesheim am Rhein • Tel.: 06722 2348 • www.rheingauer-weinmuseum.de • März–Okt. tägl. 10–18 Uhr, Führungen für Gruppen und Weinverkostungen auf Anfrage

12 BOOSENBURG (OBERBURG)

S. 103

Viel ist von der irgendwann im Mittelalter errichteten Ritterburg nicht geblieben, allein der inzwischen baulich veränderte Turm stammt noch aus dieser Zeit. Im 19. Jahrhundert ließ der damalige Eigentümer alle baufälligen Gebäude entfernen, sein Nachfolger führte die Anlage der heutigen Nutzung zu und errichtete ein Weingut. Gegenwärtig gehört die Boosenburg der Carl Jung GmbH, eine Besichtigung ist nicht möglich. Freunde historischer Burgen wären wahrscheinlich ohnehin enttäuscht, würde ihnen bei einem Rundgang theoretisch statt Rittergemächern ein modernes Weingut präsentiert werden. Der Bergfried ist mit seinen 38 Metern immerhin das höchste Gebäude von Rüdesheim.

Rheinstraße 3 • 65385 Rüdesheim am Rhein

13 SIEGFRIEDS MECHANISCHES MUSIKKABINETT

S. 83

Schon die Architektur des Gebäudes ist einen Blick wert. Der repräsentative Adelshof war vom Mittelalter bis zum Aussterben der Sitz der einflussreichen Familie Brömser. Mitte des 19. Jahrhunderts gelangte der aus mehreren, sich um einen Innenhof gruppierenden Gebäuden bestehende Komplex in städtisches Eigentum. Es folgten Jahrzehnte unterschiedlicher Nutzung, u. a. als Heimatmuseum. Nach Beschädigungen im Zweiten Weltkrieg sowie teilweisem Abriss aufgrund von Straßenbaumaßnahmen in den 1960er Jahren war die Zukunft des Brömserhofes lange Zeit ungewiss. Das Haupthaus stand längere Zeit leer, bevor das Musikkabinett dort eine neue Heimat fand. Siegfried Wendel ließ der Gedanke, ein Museum für mechanische Musikinstrumente zu eröffnen, seit seiner Hochzeitsreise in die USA nicht mehr los. Bei Los Angeles sah er in einem Freilichtmuseum einen Raum mit automatischen Instrumenten – und war fasziniert. Schon 1969 hatte er genügend Exponate zusammengetragen, um sein „Erstes Deutsches Museum für mechanische Musikinstrumente" zu eröffnen. Die ursprünglichen Räume in Hochheim am Main waren bald zu klein, nach einer Zwischenstation zog die Schau an den heutigen repräsentativen Standort. Zu sehen – und im Rahmen von Führungen zu hören – sind rund 350 Instrumente, von der Spieluhr aus dem 18. Jahrhundert bis zur lauten Jahrmarkt-Orgel. Die historischen Instrumente werden in der eigenen Werkstatt restauriert. Dabei ist der Arbeitsaufwand nicht zu unterschätzen, da die Ersatztei-

WEINREGION RÜDESHEIM

Von den steilen Schieferhängen Rüdesheims werden Trauben geerntet, aus denen körperreiche Rieslinge gekeltert werden. Der Ortsteil Assmannshausen gilt dagegen als die „Rotweininsel" des Rheingaus. Hier werden fast ausschließlich Spätburgunder erzeugt. Die fein-fruchtigen Tropfen mit der pikanten Säure gehören zu den begehrtesten Rotweinen Deutschlands. Die Unterschiede im Weinbau haben neben geologischen auch geografische Gründe. Hinter Rüdesheim ändert der Rhein seine Fließrichtung, während in Rüdesheim die Hänge noch nach Süden zeigen, wenden sich die Weinlagen in Assmannshausen überwiegend in Richtung Südwest. Eine reizvolle Art, sich von der Leistung der örtlichen Winzer zu überzeugen, ist übrigens die Teilnahme an einer **Schwimmenden Weinprobe**. Diese findet im Sommerhalbjahr einmal monatlich auf Schiffen der Rössler-Linie statt. Verkostet werden mehrere Weine vor der traumhaften Kulisse des Mittelrheintals (Infos unter www.roesslerlinie.de oder Tel.: 06722 2353). Wissen rund um das Thema Wein wird in den Räumen der Drosselkellerei in der Nähe der Drosselgasse vermittelt. Ein Rundgang durch das **Weinmuseum** im historischen Kellergewölbe der Drosselmüllers verschafft einen guten Einstieg ins Thema. Zudem finden im Spezialitätenladen am Eingang zur Drosselgasse regelmäßig sogenannte **Multimedia-Weinproben** statt (Infos unter www.drosselkellerei.de oder Tel.: 06722 91305). Wer ein bisschen mehr das typische Rüdesheim erleben möchte, für den empfiehlt es sich, auch einmal die ausgetretenen Touristenpfade zu verlassen. Denn gerade hier gilt: Nicht immer stehen hinter den am lautesten unterbreiteten Angeboten auch wirklich die besten Weine. Vergleichen und probieren, sich eine eigene Meinung bilden, das sollte man beim Weinkauf unbedingt. Dazu dienen natürlich auch in Rüdesheim **Weinprobierstände**. Diese befinden sich am Marktplatz, an der Bleichstraße sowie im Ortsteil Assmannshausen, alle geöffnet in der Regel von Frühjahr bis Herbst nachmittags an den Wochenenden.

le detailgetreu nachgebaut werden müssen. Ein Museums-Shop bietet allerlei Originelles zum Thema. Neben Büchern und CDs warten dort viele moderne oder nach historischem Vorbild nachgebaute Spieluhren und Musikautomaten auf Käufer. Der Museumsgründer Siegfried Wendel verstarb 2016, die Einrichtung wird aber von seiner Familie weitergeführt. Übrigens sollte man im Rahmen der Führungen auch einen Blick auf die Malereien an Decken und Gewölben des Brömserhofes werfen, die biblischen Szenen und Wappen wurden im 16. Jahrhundert im Stil der Renaissance gefertigt.

Oberstraße 29 • 65385 Rüdesheim am Rhein • Tel.: 06722 49217 • www.smmk.de • März–Dez. tägl. 10–16 Uhr, Besichtigung nur im Rahmen von Führungen (ca. 45 Min.)

14 MITTELALTERLICHES FOLTERMUSEUM S. 83

In Kellergewölben gibt die Ausstellung auf 1.000 Quadratmetern einen Einblick in die mittelalterliche Rechtsauffassung. Eine Zusammenstellung grausamer Hilfsmittel und Werkzeuge verdeutlicht, wie z.B. damals die Inquisitoren der katholischen Kirche mit den der Ketzerei bezichtigten Kritikern verfuhren. Die ausgestellten, teils bestialischen Utensilien werden ergänzt durch zeitgenössische Schriften und Dokumente sowie durch teils künstlerisch bedeutende bildliche Darstellungen. Eine Fotoschau von „Amnesty International“ informiert über Menschenrechtsverletzungen in jüngerer Vergangenheit und Gegenwart.

Oberstraße 49–51 • 65385 Rüdesheim am Rhein • Tel.: 06722 47510 • www.foltermuseum.com • Ostern–Okt. tägl. 10–18 Uhr, Nov.–Ostern Sa./So. 13–17 Uhr

15 SEILBAHN RÜDESHEIM S. 103

Um den Besuch des Niederwalddenkmals weniger strapaziös zu gestalten, baute man 1884 eine Zahnradbahn. Diese überwand die rund 230 Meter Höhenunterschied von der Oberstraße bis zum Denkmal und nahm Reisenden die Mühen des Aufstiegs ab. Nach Zerstörung der Anlage im Zweiten Weltkrieg entschied man sich für den Bau einer Seilbahn. Seit 1954 kann man somit „über den Reben schweben“, so der Werbeslogan der Betreiber. Während der rund zehnminütigen Fahrzeit in den modernen Kabinen aus dem Jahr 2005 hat man auf der knapp 1,4 Kilometer langen Strecke einen atemberaubenden Blick über die umliegenden Weinberge, die Stadt Rüdesheim und den Rhein. In der Nähe der Bergstation sollte man den eigens dafür errichteten Niederwaldtempel nutzen, um die Aussicht zu bewundern. Jener Niederwaldtempel, ursprünglich geschaffen von Karl Maximilian Graf von Ostein, wurde ebenfalls Opfer der Zerstörungen des Zweiten Weltkrieges. Ein Verein engagierte sich 2005/06 für den originalgetreuen Wiederaufbau.

Oberstraße 37 • 65385 Rüdesheim am Rhein • Tel.: 06722 2402 • www.seilbahn-ruedesheim.de • Ende März–Anfang Nov. tägl. ca. 9.30–18 Uhr sowie zum „Weihnachtsmarkt der Nationen" im Advent

16 NIEDERWALD-DENKMAL S. 103

TOP-TIPP

Es fällt schwer, das 38 Meter hohe und 75 Tonnen schwere Monument schön zu finden – beeindruckend dagegen ist es mit Sicherheit. Die Germania vom Niederwald ist nur ein Bauwerk aus einer im 19. Jahrhundert verbreiteten Welle monumentaler Gedenkstätten wie z.B. das Hermannsdenkmal im Teutoburger Wald, die Walhalla bei Regensburg oder das Barbarossadenkmal im Kyffhäuser. Bei der Ausschreibung konnte sich der Dresdener Bildhauer Johannes Schilling durchsetzen. Sein Entwurf würdigt die Gründung des Reiches als Verwirklichung des jahrzehntelangen Strebens nach Einheit der deutschen Teilstaaten und stellt den vorangegangenen Sieg im Deutsch-Französischen Krieg dar. Der Bau begann 1877 und zog sich über sechs Jahre hin. Bei der Einweihung am 28. September 1883 versuchten Anarchisten ein Attentat auf den

75 TONNEN VOLLER SYMBOLIK

Die Botschaft des Niederwalddenkmals lässt sich verschieden interpretieren. Beabsichtigt die 12,5 Meter große und 32 Tonnen schwere Figur der Germania, sich selbst zu krönen, wie es der Bildhauer darstellen wollte, oder soll die Krone auf das Haupt von Wilhelm I. gesetzt werden, wie es z.B. der damalige Wiesbadener Regierungspräsident Botho zu Eulenberg behauptet hatte? Die Frage hatte durchaus politische Brisanz, denn im ersten Fall wäre die mit reichlich deutschen Symbolen im Gewand verzierte Germania, also das deutsche Volk, in den Mittelpunkt gerückt, während im zweiten Fall die Person des Kaisers und damit der monarchistische Hofstaat durch das Denkmal gewürdigt wäre. Im Sockel finden sich 133 etwa in Lebensgröße dargestellte Personen. In der Mitte zu Pferde der Kaiser, rechts und links Politiker, Adlige und Militärangehörige, die in ihrer Zusammenstellung und Anordnung die am Deutsch-Französischen Krieg auf deutscher Seite kämpfenden Bündnispartner darstellen sollten. Symbolträchtig ist auch die Anordnung der beiden Figuren zu Füßen des Sockels der Germania. Die Allegorie des Krieges befindet sich ausgerechnet in Richtung Frankreich, während die des Friedens nach Deutschland weist. Zu lesen sind übrigens fünf der sechs Strophen von „Der Wacht am Rhein", einem Lied aus der Zeit der Rheinromantik-Welle, welches nach der Reichsgründung politisch instrumentalisiert wurde. Germania selbst blickt in Richtung Rheingau. Modell für die Figur der Germania soll übrigens die Tochter des Bildhauers gesessen haben.

ZUM ANDENKEN
AN DIE EINMUETHIGE
SIEGREICHE ERHEBUNG
DES DEUTSCHEN VOLKES
UND AN DIE
WIEDERAUFRICHTUNG
DES DEUTSCHEN REICHES
1870–1871
SER UND KOENIG
DES DENKMALS
EN WORTEN
PREUSSISCHEN VOLKE
SO RUFE ICH HEUTE
DEUTSCHEN VOLKE ZU
ENDEN ZUR ANERKENNUNG
NACHEIFERUNG

anwesenden Kaiser Wilhelm I., welches aber letztlich scheiterte. Eine weitere, wenn auch weniger folgenreiche Panne, soll es bei der Rede des Kaisers gegeben haben. Durch ein Missverständnis wurden die Salutschüsse zu früh abgefeuert, Teile der Rede des Monarchen gingen somit im Kanonendonner unter. Der Ort erlangte bald eine touristische Anziehungskraft und wurde zum beliebten Ausflugsziel.

Am Niederwalddenkmal • 65385 Rüdesheim am Rhein

17 ADLERWARTE NIEDERWALD S. 103

Ursprünglich wurden in Falknereien Greifvögel für die Jagd ausgebildet. Heute jedoch steht der Gedanke der Arterhaltung durch gezielte Aufzucht und anschließende Auswilderung im Vordergrund. Darüber hinaus werden verletzte Tiere gesund gepflegt. In der 1968 gegründeten privaten Einrichtung sind etwa 35 Tiere in 16 Arten zu bewundern. Für Gruppen ab 20 Personen gibt es nach vorheriger Anmeldung Führungen mit Trainingsflügen. Allerdings bleibt die Station bei Regen sowohl für Einzelbesucher als auch für Gruppen geschlossen, denn mit nassem Gefieder können die Tiere nur sehr langsam fliegen und ziehen es vor, im Trockenen zu bleiben.

◀ Germania vom Niederwald

65385 Rüdesheim am Rhein (auf dem Niederwald) • Tel.: 06722 47339 • www.adlerwarte-niederwald.de • Karfreitag–Okt. Fr.–So. 12–17 Uhr (außer bei Regen)

18 ZAUBERHÖHLE NIEDERWALD S. 103

Folgt man dem ausgeschilderten Rheinsteig weiter, kommt man zur Zauberhöhle. Dabei handelt es sich eigentlich nicht um eine Höhle, sondern um einen ca. 60 Meter langen, künstlich geschaffenen, ummauerten Gang. Das skurrile Bauwerk entstand um 1790. Bauherr war wiederum Karl Maximilian Graf von Ostein, der damit den Umbau des Niederwalds zu einem Landschaftspark vorantrieb. Die dunkle Höhle war ursprünglich mit Glassteinen an den Wänden verziert, die für ungewöhnliche Lichteffekte sorgten. Die Idee des Grafen bestand darin, dass Besucher zunächst den Einstieg nutzen sollten, um dann durch die glitzernde Höhle zu gehen. Am Ende steht ein Rundbau, der den Blick überraschend auf ein herrliches Rhein-Panorama freigab. Allerdings ist die Sicht zum Strom heute durch Bäume verstellt und auch die Glassteine an den Wänden fehlen.

Tempelweg • 65385 Rüdesheim am Rhein

19 RUINE ROSSEL S. 103

Karl Maximilian Graf von Ostein konnte es sich durchaus leisten, für seinen Park größere Eingriffe

Ruine Ehrenfels

in die Landschaft vorzunehmen. In der Nähe der Zauberhöhle, meinte er, fehle eine künstliche Ruine in der Landschaft. So errichtete er ab 1774 die Rossel in Form einer verfallenen Burg. Diese verfügt über einen Aussichtsturm, von dessen Plattform man einen schönen

KARL MAXIMILIAN GRAF VON OSTEIN – DER GESTALTER

Mit seiner Vision von der Umwandlung des Niederwalds in einen damals modernen Landschaftspark hatte sich Karl Maximilian Graf von Ostein ein Denkmal geschaffen. Das 1735 in St. Petersburg geborene Mitglied des elsässischen Adelsgeschlechts erbte mit 28 Jahren das Vermögen seines Onkels, des damaligen Erzbischofs und Kurfürsten von Mainz und Bischofs von Worms. Durch die Ausübung dieser Funktion kam er zu nicht unbeträchtlichem Reichtum. Von den Parks seiner Zeit beeindruckt, begann er mit seiner Bautätigkeit am Niederwald. Das heute als Hotel genutzte Jagdschloss, die Ruine Rossel, die Zauberhöhle oder der Tempel in der Nähe des damals noch nicht existierenden Niederwalddenkmals wurden ebenso von ihm geplant wie eine Reihe heute längst verschwundener Holzbauten. Ein Bauernhaus, ein Kohlemeiler oder eine Eremitage symbolisierten das auf gräflichem Gelände natürlich nicht real vorhandene Leben der einfachen Leute. Auch wenn die Holzbauten und viele einstige Aussichtspunkte längst verschwunden sind, lohnt ein Gang durch das mit Wanderwegen gut erschlossene Gelände. Der Graf selbst, den man durchaus als Vorläufer der Rheinromantiker bezeichnen kann, bewohnte das Palais Ostein in Geisenheim (heute Teil der St.-Ursula-Schule des Ortes, Rüdesheimer Str. 30) und verstarb 1809.

Blick auf die Umgebung hat. Mitunter ist die Aussichtsplattform geschlossen, es empfiehlt sich, vorher in der Tourist-Info nachzufragen.

Tempelweg • 65385 Rüdesheim am Rhein

20 RUINE EHRENFELS S. 103

Diese im Mittelalter erbaute Burg diente zeitweise als Zollstation der Mainzer Erzbischöfe. Im 17. Jahrhundert wurde die Anlage beschädigt, danach setzte der Verfall ein. Erst in den 1990er Jahren begann man, die Ruine zu sichern, und baute eine Treppe ein, um Wanderern den Blick auf die Umgebung von den Turmresten zu ermöglichen. Ansonsten ist das Innere der Anlage aus Sicherheitsgründen nicht zugänglich. Man erreicht Ehrenfels sowohl von der Oberstraße als auch vom Tempelweg über Wanderwege.

Tempelweg • 65385 Rüdesheim am Rhein

21 BINGER MÄUSETURM S. 103

Das „Binger Loch", eine Engstelle am Übergang vom Rheingau zum Mittelrheintal, stellte für die Schiffer auf dem Fluss seit Menschengedenken eine Gefahr dar. Für die Kurmainzer Erzbischöfe war das Grund genug, eine Zollstation zu errichten. In der ersten Hälfte des 14. Jahrhunderts auf einer Rheininsel errichtet, wurde der Amtsturm der Zollwächter im Dreißigjährigen Krieg zerstört und

Mäuseturm

erst Mitte des 19. Jahrhunderts wiederaufgebaut. Ab dieser Zeit bis in die Mitte der 1970er Jahre diente er als Signalturm für die Schifffahrt, denn auch wenn vom „Binger Loch" keine Gefahr mehr ausgeht – die Herausforderung ist geblieben. Es gibt keine regelmäßige Besichtigungsmöglichkeit des Turms.

Mäuseturminsel • 55411 Bingen am Rhein

22 SEILBAHN ASSMANNSHAUSEN S. 103

Ähnlich wie ab Rüdesheim konnte man von 1886 an auch ab Assmannshausen mit einer Zahnradbahn auf den Höhenzug des Niederwalds fahren. Nach dem Ersten Weltkrieg brach der Tourismus ein und die Anlage wurde stillgelegt und abgebaut. Im Jahre 1953 eröffnete die sich heute noch in Betrieb befindliche Sessellift-Anlage. In rund 15 Minuten Fahrzeit über-

DIE SAGE VOM MÄUSETURM

Zu seinem ungewöhnlichen Namen kam das Bauwerk aufgrund einer Begebenheit, die sich im 10. Jahrhundert zugetragen haben soll. Damals soll der Mainzer Erzbischof Hatto II. während einer herrschenden Hungersnot seinen Untertanen jede Hilfe verweigert haben. Als das Volk bettelnd vor seinen Palast zog, ließ er die Menschen in eine Scheune sperren und verbrennen. Sein Kommentar zu den Schreien: „Hört doch, hört, wie die Kornmäuse pfeifen!" Am Abend kamen tausende Mäuse hervor, überfielen den Bischof in seinem Palast und trieben ihn zur Flucht auf die Rheininsel. Es half nichts, die Mäuse folgten ihm, schwammen durch den Rhein und fraßen den hartherzigen Herrscher bei lebendigem Leibe.

windet die Seilbahn rund 225 Meter Höhendifferenz und legt dabei eine Strecke von etwa 900 Metern zurück. Die Bergstation befindet sich in der Nähe des Hotels „Jagdschloss Niederwald". Überflüssig ist zu erwähnen, dass der Ausblick während der Fahrt unbeschreiblich ist.

Niederwald Seilbahn GmbH • Niederwaldstraße 34 • 65385 Rüdesheim am Rhein • Tel.: 06722 2765 • www.seilbahn-assmannshausen.de • Apr.–Okt. tägl. ca. 10–17.30 Uhr

23 KIRCHE HEILIG KREUZ S. 103

Erbaut wurde die Kirche im 14. Jahrhundert. Aus dieser Zeit ist u. a. auch eine Glocke erhalten. In den 1872 geschaffenen Altar wurde ein Gemälde aus dem 15. Jahrhundert integriert, welches einem Schüler des Renaissancemalers Grünewald zugeschrieben wird. Einige Figuren auf der linken Seite stammen aus dem 18. Jahrhundert, so z. B. die barocke Madonna mit dem Jesuskind auf der Weltkugel.

Lorcher Straße 2 • 65385 Rüdesheim-Assmannshausen • Tel.: 06722 2680 • www.heilig-kreuz-rheingau.de

24 ROTWEINLAUBE S. 103

„Ich bin die Andere", ein Film von Margarethe von Trotta nach einem Buch von Peter Märthesheimer, wurde teilweise im Rheingau gedreht. Katja Riemann, Armin Mueller-Stahl, August Diehl und Barbara Auer agieren in dieser Geschichte um ein Kindheitstrauma auch vor dem Hintergrund eines Pavillons. Nach dem Ende der Dreharbeiten im November 2005 rettete man diesen Pavillon vor der Verschrottung und baute ihn an einer besonders reizvollen Stelle wieder auf. Seit April 2007 ist er für jedermann erreichbar – entweder vom Rheinsteig aus oder von der Kirche Assmannshausen über Serpentinen. Aus einem Wettbewerb zur Namensfindung ging der Vorschlag „Rotweinlaube" siegreich hervor und hat sich bis heute gehalten.

Rheinuferstraße • 65385 Rüdesheim am Rhein

AKTIV

HILDEGARDWEG

(7 km)

Start der mit Schildern ausgewiesenen Tour (auf denen eine stilisierte Hildegard abgebildet ist) ist entweder der Fähranleger oder der Bahnhof Rüdesheim. Es ist sinnvoll, zur Vertiefung der Informationen die Wanderung mit einer Besichtigung der Abtei St. Hildegard oder der Eibinger Wallfahrtskirche zu verbinden. An authentischen Orten erfährt der aufmerksame Wanderer so einiges über das Denken und Handeln der Gelehrten und Klostergründerin. Man sollte genügend Zeit einplanen, denn unterwegs gibt es schöne Orte zum Verweilen.

HISTORIENWEG

(15 km)

Rüdesheim bietet seinen Gästen ein hervorragend ausgeschildertes Netz an Themenwanderwegen. Wer sich für die Geschichte der Region interessiert, sollte, vom Parkplatz „An der Ringmauer" beginnend, den entsprechend ausgeschilderten Historienweg wählen. Die Route verläuft über Weinberge, vorbei an historischen Bauten wie dem Niederwalddenkmal und der Ehrenfels-Ruine und belohnt zudem mit Ausblicken, z. B. auf den Mäuseturm. Die rund 15 Tafeln vermitteln Hintergrundwissen.

WILDKRÄUTERWEG

(8 km)

Diese für Naturfreunde besonders interessante Tour startet an der Kirche in Assmannshausen und ist mit einem stilisierten Blütensymbol markiert. Die Wirkung von Wildkräutern wusste nicht nur die Heilige Hildegard zu schätzen, auch in unseren Tagen erfreuen sich Rauke, Fenchel und Co. großer Beliebtheit. Die Tafeln informieren über die Bestimmungsmerkmale der Pflanzen (nicht nur Kräuter) und geben Hinweise zum Sammeln und Verwerten. Auch dieser Weg ist reich an Aussichtsmöglichkeiten über die Region. Wer die Steigungen durch die Weinberge scheut, kann sich von der Assmannshausener Sesselbahn einen Teil der Mühen abnehmen lassen. Sämtliche in diesem Buch aufgeführte Wanderungen sind prinzipiell ganzjährig möglich. Jedoch sollte man zur Zeit der Weinlese Rücksicht auf die für die wirtschaftlichen Erfolge der Winzer entscheidenden Arbeiten nehmen.

16
15
Hauptstr.
18
23
Aulhausen
Schloßstr.
40
Assmannshausen
22
Sessellift
24
38
Am Niederwald
Zum Niederwald-De
Am Niederwald
45
Rüdesheimer Seilbahn
18
17
16
19
12
11
20
42
21
9
Koblenzer Str.
Nahe
Bingerbrück
Bingen
am Rhein

RÜDESHEIM UND UMGEBUNG

2, 3, 5 bis 10, 13, 14 siehe Karte S. 82/83

1 Abtei St. Hildegard S. 84

4 Ruine der Hindenburgbrücke S. 87

11 Brömserburg S. 90

12 Boosenburg S. 92

15 Rüdelsheimer Seilbahn S. 94

16 Niederwalddenkmal S. 95

17 Adlerwarte S. 97

18 Zauberhöhle S. 97

19 Ruine Rossel S. 97

20 Ruine Ehrenfels S. 99

21 Binger Mäuseturm S. 99

22 Seilbahn Assmannshausen S. 99

23 Kirche Heilig Kreuz S. 100

24 Rotweinlaube S. 100

ÜBERNACHTUNG UND GASTRONOMIE

38 Jagdschloss Niederwald S. 127

40 Rheinhotel Lamm S. 128

45 Am Niederwald S. 128

AKTIV

15 Rhein Rundflug S. 133

16 Luftsport Club Rheingau e.V. S. 134

18 Rüdesheimer Segtouren S. 134

LORCH

Das 4.000-Einwohner-Städtchen Lorch am Rhein lebt in erster Linie vom Weinbau sowie vom Fremdenverkehr. Und Touristen kommen hier voll auf ihre Kosten. Das nahe, waldreiche Rheingau-Gebirge, besonders das Wispertal, erfreut sich bei Wanderern großer Beliebtheit. Das UNESCO-Welterbe „Oberes Mittelrheintal“ mit einer Vielzahl an Burgen liegt quasi vor der Tür. Reizvoll ist eine Erkundung vom Wasser aus an Bord eines der vielen Fahrgastschiffe. Und kulinarisch hat Lorch auch einiges zu bieten. Neben den hier erzeugten Weinen haben sich z. B. die Forellen aus der Wisper einen Platz auf den Speisezetteln der Region gesichert.

siehe große Karte S. 106/107

ANREISE

Auto Mitunter stark befahren, jedoch gut ausgebaut, ist die B 42, auf der man bequem nach Lorch oder in den Ortsteil Lorchhausen gelangt. Die Ortsteile Espenschied oder Ransel erreicht man über die Landstraße L 3033 durchs Wispertal.

Bahn Die im regelmäßigen Takt verkehrenden Regionalbahnen der rechten Rheinstrecke zwischen Wiesbaden und Koblenz halten in Lorch sowie in Lorchhausen. Beide Bahnhöfe liegen knapp 3 km voneinander entfernt.

NICHT VERPASSEN! Schon die waldreiche Umgebung des **Wispertals** hat ihre Reize. Dort finden sich eine ganze Reihe mittelalterlicher Befestigungsanlagen wie z. B. die als Ruine erhaltene **Burg Nollig**. Wer nach einer Wanderung müde geworden ist, dem stehen einige Ausstellungen wie das **Robert-Struppmann-Museum**, das **Landmuseum** in Ransel oder das **Blüchermuseum** im nahen Kaub zur Besichtigung offen. Ein Schmuckstück im Ort ist das historische **Hilchenhaus**.

REISEINFORMATION

Tourist-Info im historischen Hilchenhaus Rheinstraße 48 • 65391 Lorch am Rhein • Tel.: 067 26 8399249 • www.lorch-rhein.de • Mo.–Fr. 9–12/14–16 Uhr, Mitte Okt.–Ende März Fr. nur bis 12 Uhr • Außenstelle im Kiosk Rheinblick in der Rheinuferstraße 2 • Tel.: 06726 807511 • Ostern bis letztes Wochenende im Okt. Mo.–So. 9.30–18.30 Uhr

Hilchenhaus

LORCH UND UMGEBUNG

1 Pfarrkirche St. Martin S. 108
2 Robert-Struppmann-Museum S. 108
3 Strunk S. 108
4 Hilchenhaus S. 109
5 Ruine Nollig S. 109
6 Kreuzkapelle S. 110
7 Blüchermuseum Kaub S. 110
8 Landmuseum Ransel S. 112
9 Wispertal S. 114

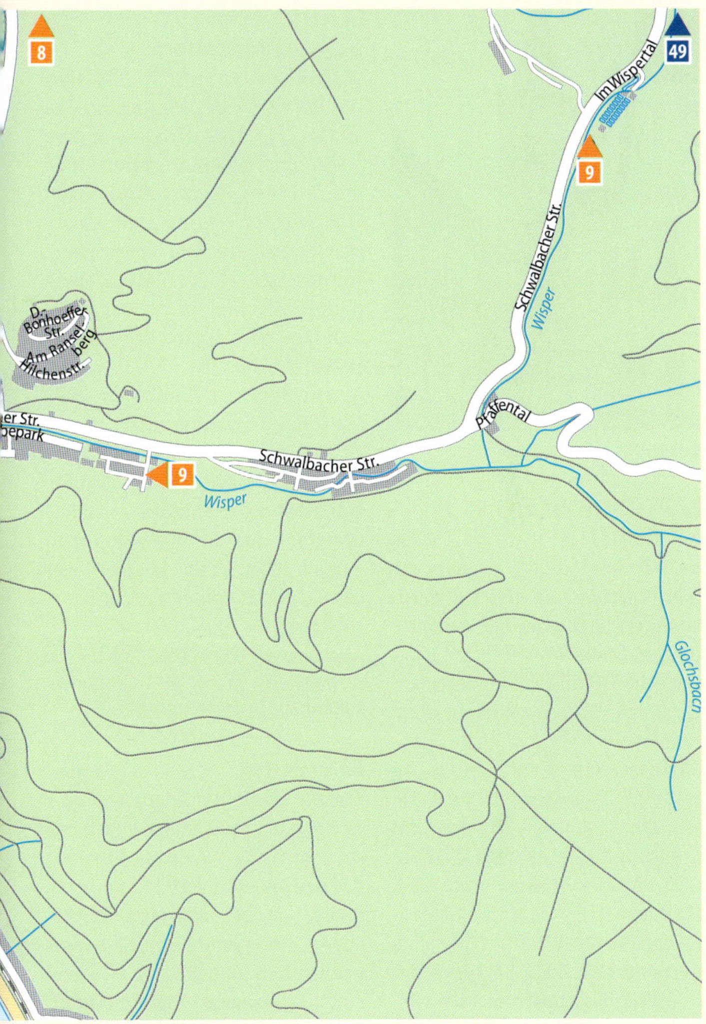

ÜBERNACHTUNG UND GASTRONOMIE

- **46** Hotel im Schulhaus S. 128
- **47** Weingut Perabo S. 129
- **48** Weingut Rößler S. 129
- **49** Dorfschänke Espenschied S. 129
- **50** Weinhaus Flaschenhals S. 129

St. Martin

1 PFARRKIRCHE ST. MARTIN

S. 106

Im 13. Jahrhundert begann der Bau, welcher sich mit Unterbrechungen über zwei Jahrhunderte hinzog. Dabei wurden Reste einer gotischen Basilika integriert. Kulturgeschichtlich bedeutsam ist im Inneren der holzgeschnitzte Hochaltar von 1483, der als einer der ältesten und größten seiner Art gilt. Weiterhin sehenswert sind das Chorgestühl aus dem 13. Jahrhundert und der Taufstein von 1464. Plastiken stellen u.a. eine Madonna dar. Die Orgel verfügt über eine Besonderheit: Beim Betätigen des „Riesling-Registers" mit der Bezeichnung „2f" öffnet sich eine Klappe und zwei Weinflaschen sowie zwei Gläser werden sichtbar, dazu ertönen Vogelstimmen.

Oberweg 13 • 65391 Lorch am Rhein • Tel.: 06726 9479 • Ostern–Ende Okt. Sa. 14–17 Uhr, So. 11–17 Uhr

2 ROBERT-STRUPPMANN-MUSEUM

S. 106

Das Kernstück der Ausstellung im Kunst- und Heimatmuseum der Stadt Lorch bildet die Sammlung des örtlichen Pfarrers Anton Karl Pfaff. Dieser vermachte seiner Heimatstadt ein Jahr vor seinem Tod im Jahr 1926 seine Kollektion sakraler Skulpturen, darunter viele aus dem späten Mittelalter. Hervorzuheben ist eine Madonna mit Kind und Traube aus der Mitte des 14. Jahrhunderts sowie eine Skulptur aus Pappelholz aus der gleichen Zeit, die das Haupt von Johannes dem Täufer darstellt. Umrahmt wird die Sammlung von einigen historischen sakralen Geräten sowie Exponaten zur Ortsgeschichte.

Am Markt 5 • 65391 Lorch am Rhein • Ostern–Okt. Sa./So. 14–17 Uhr oder auf Anfrage in der Tourist-Info

3 STRUNK

S. 106

Gebaut wurde der ehemalige Befestigungsturm wahrscheinlich im 16. Jahrhundert. Zeitweise diente das Bauwerk der Verteidigung der Brücke an der Wispermündung, aber auch Gefangene wurden hier verwahrt. In jüngster Zeit erfolgte eine aufwendige Restaurierung. Heute können im Obergeschoss Ehen geschlossen werden. Eine Etage tiefer, im ehemaligen Verlies, befindet sich eine kleine Informationsausstellung zum UNESCO-Welterbe Oberes Mittelrheintal. Erwähnenswert ist auch der schö-

Strunk

ne Blick auf das Städtchen Lorch von der Plattform aus.

Rheinstraße • 65391 Lorch am Rhein • Ostern–Okt. bei schönem Wetter So. 14–17 Uhr

4 HILCHENHAUS S. 106

Johann Hilchen von Lorch, Mitglied des seinerzeit bedeutenden Adelsgeschlechts, begann mit der Errichtung des Bauwerks, erlebte aber selbst die Fertigstellung nicht mehr. Dabei entschied er sich für eine repräsentative massive Fassade, untypisch in einer Region und zu einer Zeit, in der die Fachwerkbauweise als sehr verbreitet galt. Im Zweiten Weltkrieg erlitt das Gebäude schwere Zerstörungen. Auch nach dem Wiederaufbau in den 1950er Jahren ging man wenig respektvoll mit dem traditionsreichen Haus um. Heute befindet sich ein Restaurant im Erdgeschoss. Ein Saal im ersten Stock kann für Veranstaltungen gemietet werden. Im zweiten Stock hat die Tourist-Info mit Vinothek ihren Platz gefunden.

Tourist-Info mit Vinothek im historischen Hilchenhaus • Rheinstraße 48 • 65391 Lorch am Rhein • Mo.–Fr. 9–12/14–16 Uhr, Mitte Oktober–Ende März Fr. nur bis 12 Uhr

5 RUINE NOLLIG S. 106

Errichtet wurde die kleine Burganlage zu Beginn des 14. Jahrhunderts in Fachwerkbauweise, eine massive Ummantelung erfolgte erst später. Wahrscheinlich war das Bauwerk ein Teil der Stadtbefestigung und sollte Lorch von der nördlichen Seite her sichern. Die beiden Rundtürme wurden später hinzugefügt. Es besteht keine Zufahrtsmöglichkeit; Wanderer erreichen die Nollig über den

DER FREISTAAT FLASCHENHALS

Mit dem von 1919 bis 1923 existierenden „Freistaat Flaschenhals" hat die Region eine Besonderheit in ihrer Geschichte aufzuweisen. Nach dem Ersten Weltkrieg teilten die siegreichen Alliierten das Deutsche Reich auf. Dabei „übersahen" sie ein Stück, auf dem sich rund 30 Dörfer befanden und in dem rund 17.000 Menschen lebten. Die Form des Gebietes erinnerte an einen Flaschenhals. Der damalige Bürgermeister von Lorch, Edmund Pnischeck, erklärte sich selbst zum Staatschef. Der Freistaat Flaschenhals war von allen Versorgungswegen planlos abgeschnitten und somit praktisch isoliert. So war das Auftreten von wirtschaftlichen Schwierigkeiten nur eine Frage der Zeit. Man führte Notgeld ein, die Scheine trugen z.T. kuriose Aufschriften („In Lorch am Rhein, da klingt der Becher, denn Lorcher Wein ist Sorgenbrecher"). Bald waren Schmuggel und Schwarzhandel die einzige Versorgungsquelle der Bewohner. Der Kommandeur der französischen Besatzer beendete den Zustand im Jahre 1923 und übernahm die Kontrolle über das Gebiet. Als die Alliierten im Jahr darauf Deutschland verließen, war die Lorcher Eigenstaatlichkeit längst Geschichte.

Rheinsteig (ca. 40 Min. vom Lorcher Ortskern). Die Anlage befindet sich in Privatbesitz, eine reguläre Besichtigung ist daher nicht möglich.

Rheinsteig (auf dem Wachtenberg) • 65391 Lorch am Rhein

6 KREUZKAPELLE S. 106

Die Geschichte dahinter ist fast interessanter als das Bauwerk selbst. Im Jahr 1460 soll der Herr der nahen Sauerburg 120 Mann ausgeschickt haben, um in Lorch Vieh zu rauben. Die Angreifer konnten jedoch von den Lorchern geschlagen werden. In Erinnerung an dieses Ereignis errichteten die Bürger zunächst ein Kreuz und später die Kapelle. Das Gedenken an das Geschehen wird auch heute noch lebendig gehalten. Am ersten Sonntag im Mai findet jedes Jahr eine Wallfahrt von der St.-Martin-Kirche zur Kapelle statt. Ansonsten gibt es keine regelmäßige Möglichkeit der Innenbesichtigung. Die gegenwärtig ungenutzte Ruine der Sauerburg erreicht man, wenn man dem Tiefenbach rund fünf Kilometer in Richtung Quelle folgt. Die Burg liegt in der Nähe des Dorfes Sauerthal im Rhein-Lahn-Kreis in Rheinland-Pfalz.

Schwalbacher Straße 117 • 65391 Lorch

7 BLÜCHERMUSEUM KAUB S. 106

Circa sechs Kilometer rheinabwärts und etwa vier Kilometer westlich der Sauerburg befindet sich das 1.000-Einwohner-Städt-

▶ Denkmal in Kaub

BLUECHER

Landmuseum Ransel

chen Kaub. Es liegt im Rhein-Lahn-Kreis in Rheinland-Pfalz und somit streng genommen außerhalb des Rheingaus, doch sollte uns das Gedenken an eine historische Begebenheit aus der Zeit der Befreiungskriege diesen Abstecher wert sein. Die entscheidende Völkerschlacht bei Leipzig lag erst wenige Wochen zurück, als Generalfeldmarschall von Blücher an Silvester 1813 in Kaub eintraf und im Gasthof „Zur Stadt Mannheim" Quartier nahm. Am folgenden Tag, Neujahr 1814, sollte der erfahrene Offizier mit 50.000 Soldaten auf einer Pontonbrücke den Rhein überqueren, um die napoleonischen Truppen weiter zurückzudrängen. Zum hundertjährigen Jubiläum der Begebenheit errichteten geschichtsinteressierte Bürger ein Museum in den Räumen des ehemaligen Gasthofes. Im Mittelpunkt der Schau steht ein Zinnfiguren-Diorama, in dem die Szene der Rheinüberquerung nachgestellt wird. Persönliche Gegenstände der Soldaten sowie zeitgenössische Militaria ergänzen die Ausstellung.

Metzgergasse 6 • 56349 Kaub • Tel.: 06774 400 • www.bluechermuseum-kaub.de • Apr.–Mitte Nov. Di.–So. 11–17 Uhr

8 LANDMUSEUM RANSEL

S. 106

Das Museum entstand aus einer privaten Sammlung landwirtschaftlicher Geräte und gibt einen Überblick über handwerkliche Gewerke, die einst in einem typischen Dorf der Region zu finden waren. Landwirtschaftliche Geräte aus verschiedenen Jahrzehnten des 20. Jahrhunderts werden dabei ebenso gezeigt wie die Arbeiten in einem Weingut. Ein kleines Bergbaumuseum und eine Dachdeckerei informieren über die Tradition des Abbaus und der Verarbeitung von Schiefer. Schmiede, Schuhmacherei und Wagnerei machen mit immer seltener werdenden Handwerken vertraut. Eine Bierbrauerei und eine Schnapsbrennerei liefern Genussmittel jenseits des industriellen Mainstreams. Gelegentlich strömt aus der Bäckerei, die nach Vorlagen aus dem 19. Jahrhundert gebaut wurde, der Duft frischen Brotes. Ein Besuch gleicht „einem Tag voller Überraschungen", wie die Betreiber selbst meinen.

Gewerbegebiet 1 • 65391 Lorch-Ransel • Tel.: 06726 2088 • www.flk-ransel.de • Mai–Okt. tägl. 11–19 Uhr

WEINREGION LORCH

Straußwirtschaften haben ihren besonderen Charme. Die einfache, funktionale Einrichtung, der nahezu familiäre Charakter sowie die persönliche Atmosphäre sind typisch. Die fast von allein aufkommende Geselligkeit wird geschätzt und findet viele Anhänger. Meist betreiben die Winzer im Nebenerwerb eine Straußwirtschaft. Zwar gibt es zwischen den Bundesländern kleinere Abweichungen in den Regelungen, grundsätzlich jedoch gilt: Straußwirtschaften dürfen nur maximal vier Monate im Jahr öffnen und neben den eigenen Weinen lediglich kleinere Speisen anbieten. Weiterhin sieht das Gesetz vor, dass der Ausschank am Ort der Erzeugung, also direkt beim Winzer, erfolgen muss. Ein Besuch eines Winzerorts sollte idealerweise mit dem Besuch einer Straußwirtschaft verbunden sein. Natürlich bieten entsprechende Spaziergänge auch eine hervorragende Informationsmöglichkeit für geplante Weinkäufe. Sollte einmal eine Straußwirtschaft gut besucht sein, so lassen Sie sich nicht abschrecken. Auf einen eigenen Tisch besteht hier niemand, man rückt gern zusammen. Unter www.stadt-lorch-rheingau.de steht ein Flyer zum Download zur Verfügung, mit dessen Hilfe man einen Überblick über die Verkostungsmöglichkeiten hiesiger Weine bekommt. Auch in der Tourist-Info erteilt man entsprechende Hinweise gern. Der letzte Ort des Rheingaus – rheinabwärts betrachtet – zeigt bereits den Übergang zum Mittelrheintal an, der Rieslinganteil liegt hier nur noch bei rund 50 Prozent der Anbaufläche. Ähnlich wie im Anbaugebiet Mittelrhein gelten Lorcher Weine als leichter und säurebetonter. Wie wir gesehen haben, gibt es zwischen den Weinen des Rheingaus erhebliche Unterschiede. Obwohl mit rund 3.200 ha Anbaufläche relativ klein, lohnt es doch, die Kontraste zwischen den in den einzelnen Orten des Rheingaus erzeugten Weinen zu ergründen. Dazu kommt, dass der Weinbau sich ständig im Wandel befindet, die Erzeuger optimieren – witterungsbedingten Schwankungen zum Trotz – laufend ihre Produkte. Die Winzer jedenfalls freuen sich über interessierte Genießer.

9 WISPERTAL

S. 106

Eigentlich ist die bei Heidenreich entspringende und nach knapp 30 Kilometern bei Lorch in den Rhein mündende Wisper kein überregional bedeutendes Gewässer. Aufgrund seiner landschaftlichen Schönheit gilt das Wispertal dennoch als eines der schönsten Seitentäler des Rheins in der Region. Folgt man der Wisper von der Mündung flussaufwärts, so gelangt man nach den letzten Häusern von Lorch in einen tief eingeschnittenen, engen Abschnitt. Rechts und links des Flusses befinden sich zahlreiche Burgen. Diese wurden einst errichtet, um den im Mittelalter bedeutenden Handelsweg zu sichern. Heute allerdings sind die meisten von ihnen lediglich als Ruinen erhalten. Die Qualität des Wassers ist sehr gut, somit dient die Wisper als Lebensraum u. a. für Lachse und Forellen. Ein dichtes Netz an ausgeschilderten Wanderwegen sowie eine Reihe an gastronomischen Betrieben ziehen Touristen an. Zum Mitnehmen eignet sich bestens eine Fischspezialität. Die Wisperforelle wächst im mineralhaltigen Wasser des Flüsschens heran und wird nicht nur in Restaurants und Weinstuben zubereitet und angeboten, sondern auch direkt vom Erzeuger im Hofladen verkauft. Die Fische gehen frisch oder geräuchert, im Stück oder filetiert über den Ladentisch.

Wisperforelle – Forellenhöfe der Familie Seitz unter der Lauksburg • 65391 Lorch am Rhein • Im Wispertal 2 • Tel.: 06775 960032 • Di.–So. 11–18 Uhr, Heiligabend–Febr. geschl. • Schwalbacher Straße 74 • Tel.: 06726 586 • Mo.–Fr. 9–13/14.30–17 Uhr, Sa. (nur Ende März–Ende Okt.) 9–13 Uhr • www.wisperforelle.de

DAS RHEINGAUER GEBÜCK

Die Kurmainzer Erzbischöfe begannen im 12. Jahrhundert mit der Sicherung der landwärtigen Grenzen des Rheingaus durch die Errichtung des sogenannten Gebücks. Dabei wurden solide Laubbäume, meist Buchen oder Eichen, knapp über dem Boden abgetrennt. Nach einiger Zeit wuchsen neue Triebe aus den Wurzeln, diese verflocht man dann untereinander zu einer Art Hecke. Dazwischen wachsende Sträucher machten die bis zu 50 Meter breite „grüne Mauer" weiter undurchdringlich. Das Gebück führte etwa von Lorch über Sauerthal, Pressberg und dem Hof Mappen bis nach Schlangenbad. Von dort folgte die Befestigung dem Wallufbach bis zu dessen Mündung in den Rhein. Die rund 40 Kilometer lange Baumhecke erfüllte etwa sechs Jahrhunderte ihren Zweck, bot selbst der fortschreitenden Militärtechnik Widerstand. 1771 allerdings veranlasste der damalige Erzbischof die Rodung. An der Mapper Schanze, einem ehemaligen Grenzübergang, sind heute noch Reste des Rheingauer Gebücks zu finden.

AKTIV

RHEINSTEIG

Die Anhänger der Rheinromantik-Bewegung des 19. Jahrhunderts hätten leuchtende Augen bekommen, hätten sie geahnt, welche Möglichkeiten sich dem Touristen des 21. Jahrhunderts eröffnen würden. Eine gern genutzte Möglichkeit der Erkundung in unseren Tagen ist der im Jahre 2005 eröffnete, 320 km lange Rheinsteig. Zwischen seinem Anfang am Bonner Marktplatz und dem Ende in Wiesbaden durchquert der mit Schildern ausgewiesene Wanderweg, auf denen ein weißes, geschwungenes „R" auf blauem Grund zu finden ist, mit dem Oberen Mittelrheintal und dem Rheingau zwei unterschiedliche und dennoch höchst reizvolle Landschaften. Von der Hauptroute führen immer wieder kleinere Rundwege zu attraktiven Sehenswürdigkeiten im Hinterland ab. Der für Wanderer relativ anspruchsvolle Rheinsteg führt selten direkt am Fluss entlang, sondern bindet um der Aussicht willen Höhenzüge in seinen Verlauf ein. Gelaufen wird überwiegend auf natürlichem Untergrund, befahrene Straßen werden weitgehend vermieden. Dennoch lassen sich Tagestouren individuell planen, da regelmäßig Bahnhöfe, Bushaltestellen oder Schiffsanleger passiert werden.

WISPERTALSTEIG

(15 km)

Das waldreiche Rheingau-Gebirge verfügt über nicht wenige attraktive Wanderwege. Somit kann der hier vorgestellte Wispertalsteig nur ein Beispiel von vielen sein. Auf den Markierungsschildern ist ein weißes, stilisiertes „W" auf blauem Grund zu finden. Im Lorcher Ortsteil Espenschied, einem als Luftkurort anerkannten 500-Einwohner-Dorf, startet die Tour durch schattenspendende Wälder. Unterwegs passiert man zahlreiche landschaftlich oder regionalgeschichtlich interessante Punkte. In der Lorcher Tourist-Info erhält man auf Wunsch einen nützlichen Flyer mit Streckenbeschreibung und Hinweisen zu Einkehrmöglichkeiten. Ein Download ist unter www.wispertalsteig.de möglich. Das Motto des Weges „In Stille wanderbar" ist tatsächlich Programm.

KLEINE GESCHICHTE DER REGION

1. Jh. Aus einem im ersten nachchristlichen Jahrzehnt angelegtem Erdkastell auf dem „Heidenberg“ bei Wiesbaden entwickelt sich allmählich die zivile Siedlung der Römer „Aquae Mattiacorum“. Schon damals nutzt man die auf dem Gebiet befindlichen Thermalquellen.

5. Jh. Um das Jahr 400 vertreiben die Germanen die Römer.

8. Jh. Bereits die Römer haben in der Region Wein angebaut, doch erst in der Ära von Karl dem Großen bekommt das Gewerbe neue Impulse. So sollen in jener Zeit beispielsweise Weinberge auf dem Johannisberg oder in der Ortschaft Walluf angelegt worden sein.

10. Jh. Im Jahr 983 überträgt Kaiser Otto II. wichtige Hoheitsrechte im Rheingau an den damaligen Mainzer Erzbischof Willigis. Der in der „Veroneser Schenkungsurkunde“ dokumentierte Vorgang steht somit am Beginn einer über Jahrhunderte währenden Kurmainzer Herrschaft.

12. Jh. Im Rheingau kommt es zu zahlreichen Klostergründungen. Neben den Klöstern in Johannisberg, Eberbach und Tiefenthal erlangt die Abtei der Heiligen Hildegard überregional Bekanntheit.

16. Jh. Um 1525/26 kommt es zu Aufständen, bei denen die Bauern gegen die Privilegien der Klöster und des Adels aufbegehren. Etwa um die gleiche Zeit wird ein Weinberg auf dem Neroberg angelegt. In den Jahren 1547 und 1561 wüten Brände in Wiesbaden und zerstören weite Teile der Stadt.

18. Jh. Nach und nach wird auch im Rheingau die Sortenreinheit im Weinbau eingeführt. Der bis dahin übliche „Gemischte Satz“, also der Anbau mehrerer Rebsorten in einem Weinberg, wurde aufgegeben. Am Ende des Jahrhunderts beginnen Dichter und Maler, die Landschaft des Mittelrheintals mit den zeitgenössischen Stilmitteln zu verarbeiten. Die Rheinromantik-Bewegung spiegelte bis zum Ende des 19. Jahrhunderts die Sehnsucht der Menschen nach landschaftlicher Idylle in Zeiten beginnender Industrialisierung wider.

19. Jh. Zu Beginn des Jahrhunderts hält Napoleon Europa mit seinen Eroberungsplänen in Atem. Infolge der Ereignisse kommt es zu machtpolitischen Umwälzungen in Europa. Es kommt zu einer Säkularisierungswelle von Klöstern, die auch den Rheingau erfasst. Das Herzogtum Nassau entsteht, vom Biebricher Schloss und später vom Wiesbadener Stadtschloss aus versahen die Herzöge ihre Regierungsgeschäfte – allerdings nur für rund sechs Jahrzehnte. 1866 kommt es zur Annexion Nassaus durch Preußen. Im Rheingau gründet Freiherr Heinrich Eduard von Lade 1872 seine Lehranstalt für Obst- und Weinbau. Das Jahrhundert war für die Winzer alles andere als einfach, das Auftreten des Echten Mehltaus und die aus Übersee eingeschleppte Reblaus vernichteten bedeutende Teile des Rebenbestandes in Europa.

20. Jh. Nach dem Zweiten Weltkrieg wird der Rheingau von der US-Armee besetzt. General Eisenhower verkündet die Gründung von Hessen. Das vergleichsweise wenig zerstörte Wiesbaden wird Hauptstadt des Bundeslandes. Bei einer Verwaltungsreform in den 1970ern wird der bis dahin selbstständige Rheingaukreis mit dem Untertaunuskreis zum heutigen Rheingau-Taunus-Kreis fusioniert. Der Rheingau hat zu dieser Zeit aufgehört, als politische Verwaltungseinheit zu existieren, und stellt seither lediglich eine Kulturlandschaft dar. Ebenfalls Gegenstand der damals viel diskutierten Reform war die Zusammenlegung mehrerer Orte zu größeren Gemeinden wie beispielsweise das aus den vier Ortsteilen bestehende Oestrich-Winkel. 1988 fand das erste Rheingau-Musik-Festival statt. Das heute überregional renommierte kulturelle Großereignis begann bescheiden mit nur 19 Konzerten – ausschließlich im Kloster Eberbach.

► Weinbau seit Jahrhunderten

DROSSELHOF
STÜBCHEN
ELEXIER
Drosselgasse No. 5

ÜBERNACHTUNG UND GASTRONOMIE

Im Rheingau versteht man zu genießen, denn zu gutem Wein gehört auch gutes Essen. Beim Gutsausschank stehen oft Klassiker der Winzerküche zur Auswahl, neben „Weck, Worscht und Woi" gehören dazu Spundekäs oder „Handkäs mit Musik". In den zahlreichen Speiselokalen wird jeder fündig – von der einfachen Hausmannskost über die gutbürgerliche Küche bis hin zur höchsten Ansprüchen gerecht werdenden Gourmetküche wird kreativ um die Gunst der Gäste gekocht. Übernachten lässt es sich ebenfalls von einfach bis luxuriös. Im Folgenden eine Auswahl, die Sie nicht von eigenen Entdeckungen abhalten soll.

WIESBADEN

1 Hotel Schwarzer Bock Die Wurzeln des Hauses reichen mehr als 500 Jahre zurück. 1486 eröffnete an dieser Stelle ein Badehaus. Heute gehört das 5-Sterne-Hotel zur Radisson-Blu-Kette und bietet in bester zentraler Lage 142 großzügige und hervorragend ausgestattete Zimmer für gehobene Ansprüche. Bemerkenswert ist der Badehaus-Bereich, dort vereint sich modernste Technik mit traditioneller Bäderarchitektur. Im „Ingelheimer Zimmer", einem der Restaurants, befinden sich Sammlerstücke aus dem Ingelheimer Schloss. Baron Ludwig von Erlanger, ein Frankfurter Bankier des 19. Jahrhunderts, hatte die Einrichtungsgegenstände auf seinen Reisen zusammengetragen. Kranzplatz 12 • 65183 Wiesbaden • Tel.: 0611 1550 • www.radissonblu.com

◀ Drosselgasse Rüdesheim

2 Landhaus Diedert Auf dem Gelände eines ehemaligen Klosters aus dem 13. Jahrhundert entstanden, vermittelt das Hotel mit seinen 16 liebevoll ausgestatteten Zimmern mediterranes Flair. Auch auf der Speisekarte des Restaurants finden sich Kreationen, die an Südfrankreich oder Italien erinnern, wobei Hessen nicht verleugnet wird. Am Kloster Klarenthal 9 • 65195 Wiesbaden • Tel.: 0611 1846600 • www.landhaus-diedert.de • Restaurant: Di.–Fr./So. Mittagstisch und ab 18 Uhr, Sa. ab 18 Uhr

3 Nassauer Hof Das Haus gehört zu den besten Adressen der Stadt. Entsprechend hochkarätig war die Gästeliste in der zweihundertjährigen Geschichte – wenn Prominente aus Politik, Kultur und Gesellschaft die Stadt besuchen, nächtigen sie meist hier. Die Lage in Sichtweite des Kurhauses wird von den Gästen geschätzt. Zur Verfügung stehen 159 Zimmer sowie einige Suiten in verschiedenen Kategorien. Die Hotelgäste können den Wellness-Bereich mit Pool nutzen. Das Restaurant „Ente" schmückt sich seit 1980 mit einem Michelin-Stern. Kaiser-Friedrich-Platz 3–4 • 65183 Wiesbaden • Tel.: 0611 1330 • www.nassauer-hof.de • Restaurant: Tel.: 0611 133666 • Di.–Sa. 18.30–22 Uhr, Sa. zusätzlich 12–14.30 Uhr (werktags 12–14.30 Uhr bietet das „Ente"-Bistro ein wechselndes Tagesgericht)

4 Hotel Drei Lilien Etwas versteckt und doch zentral gelegen, vereint dieses im Jugendstil erbaute Hotel garni die Vorteile einer Citylage mit dem Charme eines familiär geführten 15-Zimmer-Hauses. Die Innenausstattung ist mit Liebe zum Detail zusammengestellt worden. Zum Frühstück werden hausgemachte Marmelade sowie Eier aus Freilandhaltung serviert. Spiegelgasse 3 • 65183 Wiesbaden • Tel.: 0611 991780 • www.dreililien.com

5 Hotel Klemm Im Jahre 1888 wurde das Gebäude im Historismus von der namensgebenden Familie Klemm als Wohnhaus errichtet. Dem individuellen Grundriss, aber auch dem geschmackvollen Einrichtungsstil der heutigen (nicht mit den Erbauern verwandten) Hotelbetreiber ist es zu verdanken, dass keins der 63 Zimmer einem anderen gleicht. Das Frühstücksbuffet ist reichhaltig. Kapellenstraße 9 • 65193 Wiesbaden • Tel.: 0611 5820 • www.hotel-klemm.de

6 Domäne Mechtildshausen Am ehemaligen Militärflugplatz in Erbenheim führt die Wiesbadener Jugendwerkstatt einen landwirtschaftlichen Betrieb und gibt damit auf dem Arbeitsmarkt benachteiligten Menschen eine Chance. Die Erzeugnisse können direkt im Hofladen erworben werden, zudem werden die zur Einrichtung gehörenden gastronomischen Betriebe mit den Erzeugnissen in Bio-Qualität beliefert. Im Gästehaus stehen 7 Einzel- und 7 Doppelzimmer zur Verfügung. Am Flugplatz Erbenheim (Hinweisschilder) • 65205 Wiesbaden-Erbenheim • www.domaene-mechtildshausen.de • Restaurant: Tel.: 0611 7374660 • Di.–Sa. mittags und abends, So. nur mittags • Weinstube: Tel.: 0611 7374691 • tägl. ab 12 Uhr • Café „Bohne": Tel.: 0611 7374656 • tägl. 7.30–18 Uhr • Gästehaus: Tel.: 0611 7374660

7 Restaurant Lumen Bei schönem Wetter sollte man natürlich idealerweise draußen sitzen und das Treiben auf dem Marktplatz beobachten. Gastronomisch richtet sich das Angebot nach der jeweiligen Tageszeit, vom Frühstück bis zum Snack am späten Abend ist für jeden etwas dabei. Ein schöner Ort, um einen Stadtbummel unkompliziert gastronomisch zu krönen. Marktplatz • 65183 Wiesbaden • Tel.: 0611 300200 • www.lumen-wiesbaden.de • Mo.–Sa. 9–1 Uhr, So. 10–22 Uhr

8 Webers Wikinger Das Restaurant in der Altstadt hat neben zahlreichen Klassikern meistens auch ein paar saisonale Spezialitäten auf der Karte. Der Gastraum präsentiert sich rustikal-gemütlich, bei schönem Wetter lässt es sich zudem gut draußen speisen. Das Preisniveau ist erfreulich bodenständig. Grabenstraße 14 • 65183 Wiesbaden • Tel.: 0611 307622 • www.webers-wikinger.de • Di.–Fr./So. 16.30–23 Uhr, Sa. 11.30–23 Uhr

9 Restaurant und Hotel Weinhaus Sinz Das traditionsreiche, familiengeführte Restaurant im Wiesbadener Ortsteil Frauenstein verwöhnt die Gäste mit saisonal wechselnden und regional orientierten Speisen, dazu besteht die Möglichkeit, sich von der Qualität der hauseigenen Weine zu überzeugen. Zur Übernachtung stehen im Hotel zehn mit Liebe zum Detail eingerichtete Räume sowie weitere Zimmer im gegenüberliegenden Landhaus Sinz zur Verfügung. Herrnbergerstraße 17–19 • 65201 Wiesbaden-Frauenstein • Tel.: 0611 942890 • www.weinhaus-sinz.de • Restaurant: Di.–Sa. 11.30–21 Uhr, So. 11.30–14 Uhr

10 Jagdschloss Fasanerie Das Ausflugslokal befindet sich am Tier- und Pflanzenpark. Bodenständige Küche mit vielen Wildgerichten genießt man je nach Witterung in der gemütlichen Gaststube oder im Biergarten. Wilfried-Ries-Straße 20 • 65195 Wiesbaden • Tel.: 0611 44750510 • www.jagdschlossfasanerie.de • Di.–So. 11.30–22 Uhr

ELTVILLE

11 Eltvinum Das bei Einheimischen und Gästen gleichermaßen beliebte Restaurant befindet sich in einem rund 500 Jahre alten Gebäude, die Speisekarte überrascht mit fantasievollen Kreationen. Ab und zu finden Veranstaltungen wie z.B. Autorenlesungen statt. Das Team der Vinothek berät fachkundig, und das Hotel hält 7 Zimmer bereit. Schmittstraße 2 • 65343 Eltville am Rhein • Tel.: 06123 601780 • www.eltvinum.de • Restaurant: Di.–Sa. ab 12 Uhr (Küchenannahme bis 21 Uhr), So. 12–18 Uhr

12 Weingut Koegler Erbaut wurde das Weingut 1420; zu Gutenbergs Zeiten wurde hier das Buchdrucker-Handwerk betrieben. Im Gutsausschank steht eine Speisenauswahl auf der Karte, die weit über die Klassiker der Winzerküche hinausgeht. Die 10 Hotelzimmer verfügen über eine edle, moderne Einrichtung. Kirchgasse 5 • 65343 Eltville am Rhein • Tel.: 06123 2437 • www.weingut-koegler.de • Gutsausschank: Mo.–Fr. ab 18 Uhr, Sa./So. ab 12 Uhr • Weinstand im Hof: Mo.–Fr. ab 16 Uhr, Sa./So. ab 12 Uhr • Vinothek: tägl. ab 8 Uhr

13 Kronenschlösschen Das berühmteste der 18 Zimmer dürfte die Turmsuite sein; Konrad Adenauer, Theodor Heuss und Carlo Schmid berieten dort nach Kriegsende über das Grundgesetz. Aber auch die übrigen Räume zeigen Stil und Luxus. Das Restaurant mit der Gourmetküche ist Schauplatz des alljährlichen Rheingau-Gourmet-Festivals. Im außergewöhnlich gut sortierten Weinkeller lagern Schätze unterschiedlicher Anbaugebiete und Jahrgänge. Rheinallee • 65347 Eltville-Hattenheim • Tel.: 06723 640 • www.kronenschloesschen.de • Restaurant: Di.–Sa. 18.30–21 Uhr, So. zusätzlich 12–14 Uhr (Jan. geschl.) • Bistro und Café: tägl. mittags und abends

14 Nassauer Hof Hinter der hübschen Fachwerkfassade nahe dem Ortszentrum des Weindorfs Kiedrich verbergen sich 21 edel und modern, aber bewusst schnörkellos eingerichtete Zimmer. Neben einem guten Frühstücksbuffet gibt es einen Wellness-Bereich mit finnischer Sauna. Bingerpfortenstraße 17 • 65399 Kiedrich im Rheingau • Tel.: 06123 999360 • www.hotel-nassauerhof.de

15 Weinhotel und Weingut Offenstein Erben Die 8 Zimmer tragen Namen wie „Spätburgunder“, „Sonnen-

Hotel „Zum Krug" in Hattenheim

berg" oder „Riesling". Bei schönem Wetter lädt ein hübscher Innenhof zum Verweilen ein. Das kleine Weinhotel besticht durch seine Lage nahe der Altstadt. Die Vinothek offeriert die Erzeugnisse des hauseigenen Weinguts. Holzstraße 14 • 65343 Eltville am Rhein • Tel.: 06123 2137 • www.offenstein-erben.de • Vinothek: Mo.–Sa. 8–19 Uhr, Apr.–Mitte Dez. auch So. 9–13 Uhr

16 Anleger 511 Einst wurden in der denkmalgeschützten Halle Tickets für die Rheinschiffe verkauft, heute befindet sich in dem 2009 sanierten Gebäude ein beliebtes Ausflugslokal. Besonders schön sitzt man auf der großen Terrasse. Platz von Montrichard 2 • 65343 Eltville am Rhein • Tel: 06123 689168 • www.anleger511.de • Mo.–Fr. 12–23 Uhr, Sa./So. 10–23 Uhr

17 Zur Weinpump Das Lokal befindet sich am Rande der Altstadt, man sitzt sehr schön im gemütlichen Innenhof oder in der Gaststube. Auf der Karte stehen regional inspirierte Gerichte zu zivilen Preisen, dazu eine breite Auswahl vorzugsweise Rheingauer Weine. • Rheingauer Straße 3 • 65343 Eltville am Rhein • Tel.: 06123 704100 • www.zur-weinpump.de • Mi.–Sa. 12–14/ab 17.30 Uhr, So. ab 12 Uhr

18 Das Spritzenhaus Die ehemalige Eltviller Feuerwache in der Altstadt präsentiert sich als hübsches, kleines Hotel. Die 6 Zimmer sind stilvoll eingerichtet, zudem lädt das hauseigene Bistro tagsüber mit einer kleinen Karte ein. Platz der Deutschen Einheit 1 • 65343 Eltville am Rhein • Tel.: 06123 7037490 • www.das-spritzenhaus.de • Bistro: Di.–So. 10–18 Uhr

19 Eltviller Rosenstübchen Die älteren Eltviller wissen, dass sich in dem Gebäude in der Fußgängerzone einst ein Delikatessengeschäft befand. Die Speisekarte verspricht unkomplizierten Genuss, mittags gibt es in der Woche zudem preiswerte Tagesgerichte. Schwalbacher Straße 7 • 65343 Eltville am Rhein • Tel.: 06123 793350 • www.

eltviller-rosenstuebchen.de • tägl. ab 11 Uhr

20 Hotel Zum Krug Das Traditionshaus im Ortsteil Hattenheim besticht nicht nur durch sein Äußeres. Bei den hinter der prächtig bemalten Fachwerkfassade im Restaurant servierten Spezialitäten wird gekonnt der Bogen zwischen Tradition und Moderne geschlagen. Im Hotel stehen 15 geschmackvoll eingerichtete Zimmer zur Verfügung. Hauptstraße 34 • 65347 Hattenheim • Tel.: 06723 99680 • www.zum-krug-rheingau.de • Restaurant: tägl. ganztägig geöffnet, außer Mo., Di. mittags So. abends (warme Küche: 12–14/18–22 Uhr)

OESTRICH-WINKEL

21 Fine Living Hotel Das Haus im Ortsteil Winkel verfügt über 44 Zimmer, von einem Teil der Räume hat man einen herrlichen Blick auf den Fluss. Das Panorama kann man zudem von einer großen Terrasse genießen. Ein kleiner Saunabereich ergänzt das Angebot. Hauptstraße 1 • 65375 Oestrich-Winkel • Tel.: 06723 99020 • www.finelivinghotel.de

22 Hotel zum Rebhang Von der Terrasse hat man einen wunderbaren Blick auf die Weinberge. Im Haus stehen 14 Zimmer zur Übernachtung bereit, das Restaurant hat eine überschaubare Karte mit attraktiven Spezialitäten. Rebhangstraße 53 • 65375 Oestrich-Winkel • Tel.: 06723 2166 • www.hotel-zum-rebhang.de • Restaurant: Mo.–Fr. ab 17 Uhr, Feiertage ab 12 Uhr (Jan./Febr. geschl.)

23 Hotel Ruthmann Gute Übernachtungsmöglichkeit im Ortsteil Mittelheim. Ein Teil der 16 Zimmer hat einen Blick auf die Rebstöcke zum Rhein. Rheingaustraße 109 • 65375 Oestrich-Winkel • Tel.: 06723 3388 • www.hotel-ruthmann.de

24 Hotel zum Schwan Übernachten kann man im „Schwan" im Ortsteil Oestrich seit 1628, das Haus verfügt heute über 58 Zimmer verschiedener Kategorien sowie ein Café. Rheinallee 5 • 65375 Oestrich-Winkel • Tel.: 06723 8090 • www.hotel-schwan.de • Café: Sa./So. 13.30–18 Uhr

25 Altes Rathaus Oestrich Wo einst die Ratsherren tagten, kann man heute niveauvoll tafeln. Die Karte wird monatlich der Saison angepasst, es gibt Klassiker der Deutschen Küche, aber auch moderne, die regionalen Wurzeln nicht verleugnende Kreationen. Markt 8 • 65375 Oestrich-Winkel • Tel.: 06723 9986990 • www.altes-rathaus-oestrich.de • März–Nov. Mo.–Fr./So. ab 12 Uhr, Sa. ab 16 Uhr, Dez.–Febr. Mo.–Fr ab 17.30 Uhr, Sa. ab 16 Uhr, So. ab 12 Uhr

26 Wingertsknorze Im Ortsteil Mittelheim gelegen, bietet diese Weinstube Rheingauer Spezialitäten ergänzt durch wechselnde Saisonkarten. Dazu wird u. a. eine Auswahl Rheingauer Weine angeboten. Hauptstraße 6 • 65375 Oestrich-Winkel • Tel.: 06723 2601 • www.wingertsknorze.com • Mo.–Mi./Fr./Sa. 17–23 Uhr, So. 12–23 Uhr

27 Ankermühle Ab dem 14. Jahrhundert wurde in der Mühle Getreide gemahlen, heute serviert man in den mit Liebe zum Detail sanierten Gebäuden leckere Landküche, modern interpretiert. Die Rieslinge und Spätburgunder des Weinguts werden von

Experten gelobt. Kapperweg • 65375 Oestrich-Winkel • Tel.: 06723 2407 • www.ankermuehle.de • Mo./Do.–Sa. ab 17 Uhr, So. ab 12 Uhr, Apr.–Sept. Sa. ab 12 Uhr (Jan./Febr. geschl.)

28 Brentanohaus Die Umgebung wussten schon die Dichter der Rheinromantik zu schätzen. Heute wird das Lokal im Brentanohaus vom Weingut Allendorf bewirtschaftet, es gibt Rheingauer Spezialitäten – von klassisch bis modern. Dazu eine Auswahl edler Weine. Am Lindenplatz 2 • 65375 Oestrich-Winkel • Tel.: 06723 8854070 • www.allendorf.de • Mo./Do./Fr. ab 17 Uhr, Sa./So. ab 12 Uhr

GEISENHEIM

29 Waldhotel Rheingau Das am Wald in der Nähe des Wallfahrtsortes Marienthal gelegene Haus bietet 60 Zimmer verschiedener Kategorien und mit unterschiedlichem Raumangebot. Ein Saunabereich sowie ein Schwimmbad (12x6m) sorgen für Wellness. Für Hausgäste bietet das Restaurant regionale Gerichte mit den dazu passenden Rheingauer Weinen. Marienthaler Straße 20 • 65366 Geisenheim-Marienthal • Tel.: 06722 99600 • www.waldhotel-rheingau.de

30 Rheingaucamping/Rheinpavillon Direkt am Rhein gelegen, finden hier ca. 350 Wohnmobile (Maximallänge 8m) Platz. Die Stammgäste schätzen die italienischen Spezialitäten im benachbarten Rheinpavillon. Am Campingplatz 1 • 65366 Geisenheim • Tel.: 06722 75600 • www.rheingaucamping.de • Campingplatz von Nov.–Febr. geschl. • Rheinpavillon: Rheinufer 1 • 65366 Geisenheim • Tel.: 06722 2517 • www.rhein-pavillon.de • Do.–Di. 11.30–14/17.30–23 Uhr, So. 11.30–23 Uhr

31 Landgasthaus König Im Ortsteil Stephanshausen gelegen, bietet der Landgasthof 7 Doppelzimmer und 4 Ferienwohnungen zur Übernachtung. Im Gasthaus „Wildstube" liegt der Schwerpunkt auf Wildgerichten, aber auch saisonal wechselnde Gerichte werden angeboten. Brühlstraße 2–4 • 65366 Geisenheim-Stephanshausen • Tel.: 06722 909950 • www.landgasthaus-koenig.de • Restaurant: Fr./Sa. 16–22 Uhr, So. 11–22 Uhr

32 Restauration Weis Das Lokal befindet sich seit 1886 am Ort, die Einrichtung hält die Erinnerung an die „gute alte Zeit" wach. Die Küche serviert preiswerte, solide Gerichte, dazu werden Weine vom Oestrich-Winkler Weingut Alois Dahn gereicht. Grund 51 • 65366 Geisenheim-Johannisberg • Tel.: 06722 71102 • www.restauration-weis.de • Mo.–Fr. 17–23 Uhr

33 Bootshaus Geisenheim In das Gebäude des örtlichen Wassersportvereins integriert, vermittelt das Restaurant Urlaubsfeeling. Das liegt einerseits an der mediterran beeinflussten Speisekarte, andererseits aber auch an der reizvollen Lage direkt an der Rheinpromenade. Am Rheinufer 2 • 65366 Geisenheim • Tel.: 06722 710327 • www.bootshaus-geisenheim.de • Mi.–So. 11–22 Uhr

34 Winzerhaus Johannisberg Die „Gutsschänke" des Weinguts Michael Gietz bietet regionale Spezialitäten zu vernünftigen Preisen, übernachten kann man in 8 modernen Gästezimmern. Rosengasse 25 • 65366 Geisenheim-Johannisberg • Tel.: 06722 6782 • www.winzerhaus-johannisberg.de •

Jagdschloss Fasanerie in Wiesbaden

Gutsschänke: Mo.–Mi./Fr./Sa. 11.30–13.30/16.30–21.30 Uhr, So. 11.30–21 Uhr

35 Johannisberger Hof – Da Sabato e Claudia Zur italienischen Küche in gepflegter Atmosphäre genießt man die Tropfen des Weinguts Dr. Gietz. Im Sommer sitzt man idealerweise im Innenhof. Hinter dem Gastraum befindet sich der Gewölbekeller, dort stehen die Weine des Gutes zum Verkauf. Grund 37 • 65366 Geisenheim-Johannisberg • Tel.: 06722 4025552 • www.johannisbergerhof.de • Di.–So. 11.30–14/17.30–22.30 Uhr

RÜDESHEIM

36 Lindenwirt Drosselgassen-Feeling pur: Das Restaurant ist Kult in Rüdesheim, im Hotel sind 6 der 76 Zimmer umgebaute Weinfässer, in denen man etwas beengt schläft. Wer größer als 1,85 Meter ist, sollte unbedingt ein „normales" Zimmer wählen. Drosselgasse/Amselstraße 4 • 65385 Rüdesheim am Rhein • Tel.: 06722 9130 • www.lindenwirt.com • Jan.–Mitte Febr. geschl.

37 Breuers Rüdesheimer Schloss Das Gebäude steht seit fast drei Jahrhunderten, diente u.a. als nassauisches Amtshaus. Heute bietet das unter Führung der Familie Breuer (Infos zu Weingut und Vinothek unter www.georg-breuer.com) stehende Schloss 26 komfortable Zimmer. Saisonal wechselnde Speisen und edle Weine gibt es im zugehörigen Weingasthaus. Weinhotel: Steingasse 10, Weingasthaus: Drosselgasse • 65385 Rüdesheim am Rhein • Tel.: 06722 90500 • www.ruedesheimer-schloss.com

38 Jagdschloss Niederwald Seit seiner Erbauung vor rund zweieinhalb Jahrhunderten hat das Jagdschloss eine wechselvolle Geschichte durchlebt. Heute hat ein Hotel mit 26 Zimmern sowie einem stilvollen, gehobenen Restaurant sein Domizil in den altehrwürdigen Mauern gefunden. Jagdschloss Niederwald 1 (Navi: Tempelstraße 1) • 65385 Rüdesheim am Rhein • Tel.: 06722 71060 • www.niederwald.de

39 Hoteltraube Rüdesheim Das zentral gelegene, zu den Carathotels gehörende Haus verfügt über 112 Zimmer, dazu gibt es einen Wellness-Bereich. Rheinstraße 6 + 9 • 65385 Rüdesheim am Rhein • Tel.: 06722 9140 • www.carathotels.de/ruedesheim/hotel

40 Rheinhotel Lamm Assmannshausen Von einigen der 40 Zimmer aus hat man einen großartigen Blick auf den Rhein. Das Restaurant verwöhnt mit preiswerten Spezialitäten und einer guten Weinkarte. Rheinuferstraße 6 • 65388 Rüdesheim-Assmannshausen • Tel.: 06722 90450 • www.rheinhotel-lamm.de • Restaurant: tägl. (warme Küche: 11.30–21 Uhr)

41 Eibinger Zehnthof In dem rund fünfhundertjährigen Gebäude lässt es sich gut regional und saisonal speisen, dazu werden Weine aus dem eigenen Gut gereicht. Eibinger Oberstraße 15 • 65385 Rüdesheim-Eibingen • Tel.: 06722 2755 • www.eibinger-zehnthof.de • Mi.–Sa. ab 16 Uhr, So. ab 11 Uhr

42 Restaurant Rosenberger Die Urkunde zum Hessischen Gastronomiepreis ziert mehrfach die Wände des hübschen Lokals in zentraler Lage. Auf der Karte finden sich u.a. zahlreiche Schnitzelgerichte oder ein halbes Hähnchen in individuell wählbaren Schärfegraden. Rheinstraße 11/Ecke Drosselgasse • 65385 Rüdesheim am Rhein • Tel.: 06722 497748 • www.restaurant-rosenberger.de • Mi.–Mo. 10–21.30 Uhr

43 Restaurant Café Stadt Frankfurt Das Preisniveau ist erfreulich, zur Auswahl stehen viele Klassiker der deutschen und internationalen Küche für den großen und kleinen Hunger. Marktstraße 30 • 65385 Rüdesheim am Rhein • Tel.: 06722 2369 • www.restaurant-stadt-frankfurt.de • tägl. 10–22 Uhr (Jan./Febr. geschl.)

44 Ratsstube Schnitzelvarianten, Pastagerichte und Flammkuchen sind auf der Karte zu finden. Marktstraße 26 • 65385 Rüdesheim am Rhein • Tel.: 06722 3461 • www.ratsstube-ruedesheim.de • tägl. ab 11 Uhr

45 Am Niederwald Das Lokal in bester Ausflugslage mit dem Anspruch auf deutsch-italienische Gastlichkeit dürfte für jeden etwas auf der Karte stehen haben. Am Niederwald 4 • 65385 Rüdesheim am Rhein • Tel.: 06722 7103370 • www.am-niederwald.de • Restaurant: Ostern–Okt. Do.–Di. 11–19 Uhr, Dez.–Ostern Do.–Mo. 10–18 Uhr, Imbiss-Kiosk: Ostern–Okt. tägl. 10–19 Uhr, Almhütte: Nov.–Jan. tägl. ab 11 Uhr

LORCH

46 Hotel im Schulhaus Bis 2007 bestimmten mehr oder weniger lärmende Schulklassen das Bild in den Räumen des im späten Bauhausstil errichteten Gebäudes. Vor einigen Jahren wurde das Haus zu einem barrierefreien Hotel umgebaut, 44 Zimmer stehen für Gäste zur Verfügung. Schwalbacher Straße 41 • 65391 Lorch am Rhein • Tel.: 06726 807160 • www.hotel-im-schulhaus.com

Café Maldaner in Wiesbaden

47 Weingut Perabo Übernachten beim Winzer in 10 Zimmern oder Appartements möglich, dazu ein Restaurant, eine Vinothek und ein traumhafter Panoramablick auf den Rhein. Schauerweg 3 a • 65391 Lorch am Rhein • Tel.: 06726 8071929 • www.weingut-perabo.de • Restaurant: Apr.–Nov. Mi.–Mo. 18–23 Uhr, So. 16–23 Uhr, Nov.–Apr. Mo./Do.–Sa. 18–23 Uhr, So. 16–20 Uhr

48 Weingut Rößler Insgesamt 12 Zimmer. Gegenüber dem 2007 erbauten Gästehaus befindet sich „Rößlers Winzerwirtschaft", ein gemütliches Kellerrestaurant. Gelegentlich finden Veranstaltungen statt, u. a. einmal im Monat eine „Ziegenwanderung". Rheinstraße 20 • 65391 Lorch am Rhein • Tel.: 06726 1658 • www.weingut-roessler.de • Restaurant: Apr.–Nov. Fr.–Di. ab 14 Uhr

49 Dorfschänke Espenschied Das gemütliche Lokal bezeichnet sich als eines der zehn ältesten Gasthäuser Deutschlands. Serviert wird regional orientierte deutsche Küche, immer wieder überrascht die Chefin mit Themenwochen. Außerdem gibt es 4 moderne Gästezimmer. Laukenmühler Weg 9 • 65391 Lorch-Espenschied • Tel.: 06775 388 • www.dorfschaenke-korn.de • Mo./Mi–Fr. ab 16 Uhr, Sa./So. ab 11 Uhr

50 Weinhaus Flaschenhals Direkt am Rheinsteig und am Rheingauer Rieslingpfad gelegen, bietet das Lokal mit Aussichtsterrasse gebietstypische Spezialitäten sowie eigene Weine. Im Bodental • 65391 Lorch am Rhein • Tel.: 06726 839402 • www.weinhausflaschenhals.de • Di./Mi./Fr. 17–22 Uhr, Sa./So. 13–22 Uhr

AKTIV

Die Möglichkeiten, den Rheingau aktiv zu erkunden, sind nahezu unbegrent. So lassen sich Radtouren entspannt am Rhein entlang oder sportlich durch die Berge planen. Für Wasserratten stehen genormte 50-Meter-Bahnen oder entspannte Wellness-Angebote zur Auswahl. Und an der Seite von erfahrenen Piloten lässt sich die Landschaft schließlich aus der Luft bestaunen. Angebote, aktiv zu werden, gibt es also viele. Nur nutzen müssen Sie sie selbst.

BADEN UND SCHWIMMEN

1 Asbach-Bad Rüdesheim Das Freibad lässt kaum Wünsche offen. Ein 50-Meter-Becken, Sprungturm sowie Beachvolleyballfeld stehen für Sportliche bereit, für Familien gibt es Rutschen, Wassereffekte im Kinderbecken sowie einen Strömungskanal und einen Breitwasserfall. Kastanienallee 3 • 65385 Rüdesheim am Rhein • Tel.: 06722 910040 • Mai–Sept.

2 Freibad Hallgarten Hervorzuheben ist ein Lift für Menschen mit Behinderungen. Für Kinder steht eine Wasserspielanlage zur Verfügung. Rosentalstraße • 65375 Oestrich-Winkel • Tel.: 06723 8850321 • Mitte Mai–Mitte Sept.

3 Opelbad Die denkmalgeschützte Anlage ist schon wegen ihres Ausblicks einen Besuch wert. Am Neroberg 2 • 65193 Wiesbaden • Tel.: 0611 1746990 • Mai –Sept. tägl. 7–20 Uhr

◀ Taunus-Wunderland in Schlangenbad

4 Freibad Eltville Auch an etwas kühleren Tagen während der Badesaison empfehlenswert, denn das 50-Meter-Becken ist beheizbar. Die Liegewiese befindet sich am Rhein. Erbacher Straße 22 • 65343 Eltville am Rhein • Tel.: 06123 81276 • Mai–Sept.

5 Rheingau-Bad Geisenheim Das familienfreundliche Hallenschwimmbad mit dem 25-Meter-Becken bietet u. a. am Dienstagnachmittag „Wassergymnastik für alle“. Rüdesheimer Straße 1 • 65366 Geisenheim • Tel.: 06722 910158 • www.rheingau-bad.de • Mo.–Mi./Fr. 8–20 Uhr, Do. 8–16 Uhr, Sa./So. 9–18 Uhr (während der Ferien 9–18 Uhr)

6 Frei- und Hallenbad Kleinfeldchen Im Freibad befindet sich ein Schwimmbecken mit 50-Meter-Bahnen sowie ein Sprungbecken, in der Halle gibt es neben dem 25-Meter-Becken u. a. eine finnische sowie eine

Schiersteiner Hafen in Wiesbaden

kleine Dampfsauna. Ein Café/Restaurant sorgt für das leibliche Wohl. Hollerbornstraße 9 • 65197 Wiesbaden • Tel.: 0611 312286 • Mo./Di./Do./Fr. 7–21.45 Uhr, Sa. 8–10 Uhr Damen, 10–18 Uhr für alle, So. 8–10/13–18 Uhr (an heißen Tagen evtl. geschl.)

7 Freizeitbad Mainzer Straße Gilt mit seinem 50-Meter-Becken und einem 7,5-Meter Sprungturm als Wiesbadens sportlichstes Indoor-Freizeitbad. Außerdem verfügt die Anlage über einen Saunabereich und ein Kleinkinderbecken. Mainzer Straße 144 • 65189 Wiesbaden • Tel.: 0611 318041 • Di.–Fr. 7–20.45 Uhr, Sa./So. 8–20 Uhr

8 Hallenbad Kostheim Das 25-Meter-Becken ist auch für Menschen mit Behinderung gut erreichbar. Im Sommer ist eine Liegewiese im Freien nutzbar. Waldhofstraße 11 • 55246 Mainz-Kostheim • Tel.: 06134 603355 • Di.–Fr. 7–21.45 Uhr, Sa./So. 9–17 Uhr, Frauenbadezeit: Sa. 17–20 Uhr (nicht während der Sommerferien oder während des Ramadans)

9 Freibad Maaraue Das Bad der Superlative. Wiesbadens größtes Freibad hat immerhin rund 3.700 Quadratmeter Wasserfläche und rund 50.000 Quadratmeter Liegewiese. Maaraue 27 • 55246 Mainz-Kostheim • Tel.: 06134 285664 • Mitte Mai–Sept.

10 Thermalbad Aukammtal Die mit Thermalwasser gespeiste Anlage bietet ein hochkarätiges Gesundheits- und Wellnessprogramm. Die Zusammensetzung des Wassers wirkt sich positiv auf zahlreiche gesundheitliche Beeinträchtigungen aus. Leibnizstraße 7 • 65191 Wiesbaden • Tel.: 0611 317080 • Mo./Mi./Do./So. 8–22 Uhr, Di. 6–22 Uhr, Fr./Sa. 8–24 Uhr

11 Thermalfreibad Schlangenbad Täglich findet ein kompletter Wasserwechsel statt. Das rund ein Jahrhundert alte Bad wird jeden Morgen mit frischem, 27 Grad warmem Ther-

Aeskulap-Therme in Schlangenbad

malwasser befüllt. Nassauer Allee 1 • 65388 Schlangenbad • Tel.: 06129 2064 • www.staatsbad.schlangenbad.de • Mai–Sept.

12 Aeskulap Therme Schlangenbad Ob bei Bewegung im 31 Grad warmen Schlangenbader Quellwasser oder bei der Ruhe auf der Außenterrasse – hier wird Entspannung großgeschrieben. Ein 20-minütiger Aufenthalt in der Meeresklima-Kabine z. B. soll dieselbe Wirkung haben wie ein zweistündiger Spaziergang am Meer. Rheingauer Straße 18 • 65388 Schlangenbad • Tel.: 06129 4858 • www.staatsbad.schlangenbad.de/aeskulap-therme.html • Mo./Mi./Fr. 11–20 Uhr, Di./Do. 11–18 Uhr, Sa./So. 9–20 Uhr

BOULDERN UND KLETTERN

13 Wiesbadener Nordwand Die 800 Quadratmeter große Kletterfläche in der Halle in Wiesbaden lässt eine Kletterhöhe bis 12 Meter zu. Außerdem ist ein Bereich zum Bouldern, also dem Klettern ohne Seil und Gurt, in Absprunghöhe vorhanden. Hagenauer Straße 49 • 65203 Wiesbaden • Tel.: 0611 98896244 • www.wiesbadener-nordwand.de • Mo.–Fr. 10–23 Uhr, Sa./So. 9–22 Uhr • Outdoor: Hallgarter Zange 1 • 65375 Oestrich-Winkel • Apr.– Okt. tägl. 10–19 Uhr

LUFTFAHRT

14 Glück-Ab Ballonfahrten Der Ballon mit 5.000 Kubikmetern Hüllenvolumen lässt bis zu sieben Fahrgäste durch die Lüfte schweben. Die Flugzeiten werden witterungsabhängig kurzfristig festgelegt. Erlenweg 1 a • 65366 Geisenheim • Tel.: 06722 47803 • www.glueckab.de

15 Rhein-Rundflug Wie wäre es mit einem Helikopter-Rundflug über den Rhein und den Rheingau? Es gibt monatliche Flugtage mit mehreren Flugrouten. Ebentaler Hof • Auf dem Ebental 1 • 65385 Rüdesheim am Rhein • Tel.: 06722 2518 • www.rhein-rundflug.de

16 Luftsport-Club Rheingau e.V. Wer in einem Segelflugzeug oder in einem Motorsegler mitfliegen möchte, sollte sich über entsprechende Gelegenheiten beim Luftsport-Club Rheingau informieren. Geflogen wird meistens von April bis Oktober am Wochenende, zu dieser Zeit ist auch das Telefon für Infos besetzt. Flugplatz Eibinger Forstwiesen über Kammerforster Straße • 65378 Rüdesheim • Tel.: 06722 2979 • www.lsc-rheingau.de

EISLAUFEN

17 Henkell-Kunsteisbahn Immerhin 30 mal 60 Meter groß ist die Eisfläche. Schlittschuhe können vor Ort ausgeliehen werden. Über die Laufzeiten sollte man sich im Vorfeld informieren, in der Regel hat die Kunsteisbahn – witterungsabhängig – von Oktober bis März geöffnet. Auf eine etwa zweistündige Laufzeit folgt eine halbstündige Schließung wegen Aufbereitung der Eisfläche. Im Sommer steht die Anlage für Inliner offen (Fr./Sa. 14–19 Uhr) und eignet sich besonders für Neugierige, die die Sportart einmal ausprobieren möchten. Hollerbornstraße 38 • 65197 Wiesbaden • Tel.: 0611 312457 • www.wiesbaden.de

SEGWAY

18 Rüdesheimer Segtouren Wer diese Art der Fortbewegung einmal ausprobieren möchte, sollte an einer der organisierten Touren durch Rüdesheim und die Umgebung teilnehmen. Alles Wissenswerte von Voraussetzungen bis Terminvereinbarung gibt es auf der Website oder telefonisch. An der Schule 4 • 65385 Rüdesheim am Rhein • Tel.: 0171 8359933 • www.ruedesheimer-segtouren.de

FAHRRAD- UND E-BIKE-VERLEIH

19 Rad'l Ma(h)l Das Fahrrad-Fachgeschäft bietet neben dem Verkauf und der Werkstatt auch einen Verleihservice. Rheingaustraße 21 • 65375 Oestrich-Winkel • Tel.: 06723 6792690 • www.radl-mahl.de • Mo.–Sa. 9–13 Uhr, Mo./Di./Do./Fr. zusätzlich 15–18.30 Uhr

20 Bike & Fun Die zur Ausleihe stehenden E-Bikes werden auf Wunsch gegen Aufpreis in Ihr Hotel gebracht und dort wieder abgeholt, vorausgesetzt, das Hotel befindet sich zwischen Rüdesheim und Walluf. Industriestraße 2 • 65366 Geisenheim • Tel.: 06722 497615 • www.bikeandfun.biz • Mo.–Fr. 10–18.30 Uhr, Sa. 10–13 Uhr

21 Fahrrad Ambrosius Die sehr beliebte Werkstatt bietet auch einige E-Bikes zum Ausleihen an. Mainstraße 22 • 65203 Wiesbaden-Biebrich • Tel.: 0611 66935 • www.fahrrad-ambrosius.de • Mo.–Fr. 9–18.30 Uhr, Sa. 9–14 Uhr

22 Movelo-Verleihstation Weingut Hück Ein nicht alltäglicher Service eines Weingutes, zumal man nach der Radtour im Gutsausschank noch ein Gläschen genießen kann. Frankfurter Straße 29 • 65239 Hochheim/Main • Tel.: 06146 9151 • www.weingut-hueck.de

Fahrradfreundliche Region: Rheingau

23 Movelo Verleihstation Staatsbad Schlangenbad Auch in der Geschäftsstelle der Staatsbad Schlangenbad GmbH gibt es E-Bikes auszuleihen. Allerdings kann es, wie bei den anderen Verleihern auch, bei großer Nachfrage durchaus zu Engpässen kommen. Rheingauer Straße 18 • 65388 Schlangenbad • Tel.: 06129 4850 • www.staatsbad.schlangenbad.de/touristinfo.html • Mo.–Fr. 10.30–12.30/14.30–17.30 Uhr, Sa. 10.30–12.30 Uhr, Apr.–Sept. So. 15.30–17.30 Uhr

NORDIC WALKING

24 Rheingau Nordic Walking Riesling Park Fünf Routen mit einer Gesamtlänge von 35 Kilometern sind ausgeschildert, von der „Freiligrath-Route" (4,8 km und 88 m Höhenunterschied) bis zur Rheinromantik-Route (11,7 km und 424 m Höhenunterschied). www.ruedesheim.de/de/aktiv-freizeit/nordic-walking

25 DSV nordic aktiv Walking Zentrum Ein bei der Tourist-Info am Markt 5 erhältlicher Flyer liefert Details zu den drei ausgeschilderten, zwischen 4,7 und 8,1 Kilometer langen Strecken. www.tv-lorch.de/verein/downloads

26 Nordic Walking Park Bad Schwalbach Zwölf Routen, darunter ein Halbmarathon, stehen zur Auswahl; der Flyer mit allen Details dazu ist auch telefonisch bei der Tourist-Info bestellbar (Adolfstraße 40, 65307 Bad Schwalbach, Tel.: 06124 500200). www.bad-schwalbach.de/inhalte/1027975/nordic-walking/index.html

FAMILIENZIELE

Der Rheingau ist mehr als ein Weinanbaugebiet. Gerade für Kinder ist es wenig spannend, daneben zu sitzen, während die Eltern die Produktvielfalt der örtlichen Winzer durchprobieren. Daher finden sich im Folgenden ein paar Empfehlungen, die sich an verschiedene Generationen wenden. Museen vermitteln auf spannende Weise Wissenswertes zur Geschichte oder unterbreiten Angebote zum Mitmachen und Staunen. Andernorts können die Kleinsten einfach nur spielen und toben. Oder Tiere beobachten. Oder die Landschaft genießen an Bord eines Fahrgastschiffes auf dem Rhein. Achten Sie im Reiseführer auf dieses Symbol ☺

Fasanerie Wiesbaden Park mit vorwiegend heimischen Wild- und Haustieren. Wilfried-Ries-Straße 22 • 65195 Wiesbaden • Tel. 0611 4090770 • www.wiesbaden.de/fasanerie • Apr.–Okt. 9–18 Uhr, Nov.–März 9–17 Uhr • S. 27

Schloss Freudenberg Erlebnisausstellung der Gesellschaft Natur und Kunst e.V. Schloss Freudenberg. Freudenbergstraße 224–226 • 65201 Wiesbaden • Tel.: 0611 4110141 • www.schlossfreudenberg.de • März–Okt. Mo.–Fr. 9–17 Uhr, Sa./So. 11–18 Uhr, Nov.–Febr. (nur bei schönem Wetter) Di.–Fr. 9–16 Uhr, Sa./So. 11–18 Uhr, in den hessischen Ferien Mo.–Fr. 10–17 Uhr, Sa./So. 10–18 Uhr • S. 27

Neroberg Schon die Fahrt hinauf mit der Bahn macht Laune. Oben locken z.B. das Opelbad oder der Klettergarten. Nerobergbahn Wiesbaden • Wilhelminenstraße 51 (Navi: Nerotal 66) • 65193 Wiesbaden • Tel.: 0611 2368 500 • www.eswe-verkehr.de/neroberg bahn/uebersicht.html • Ostern–Okt. 10–19 Uhr, Mai–Aug. 9–20 Uhr, alle 15 Min. • S. 25

Rettbergsaue Strandfeeling auf der Rheininsel. 65203 Wiesbaden • Anfahrt nur per Fähre möglich, die Fähren verkehren von Apr. bis Sept. mindestens zwischen 9 und 18 Uhr • S. 31

Museum Castellum Militär- und Regionalgeschichte. Museum Castellum: Reduit/Kasteller Museumsufer • Museum Römischer Ehrenbogen: Große Kirchenstraße 5–13 • 55252 Mainz-Kastell • www.museum-castellum.de • März–Nov. So. 10.30–12.30 Uhr • S. 32

Taunus-Wunderland Freizeitpark. Haus zur Schanze 1 • 65388 Schlangenbad • Tel.: 06124 4081 • www.taunuswunderland.de • Ende März–Okt. tägl. 9.30–18 Uhr • S. 35

Kur-Stadt-Apothekenmuseum Bad Schwalbach Wissenswertes zur Geschichte des örtlichen Kurwesens, dazu eine Apotheke und eine Zeitungsdruckerei von damals. Pestalozzistraße 16 a • 65307 Bad Schwalbach • Tel.: 06124 723760 • www.museum-bad-schwalbach.de • Mi./Sa./So. 14–17 Uhr, Apr.–Okt. auch Do./Fr. 14–18 Uhr • S. 35

Kloster Eberbach Über Jahrhunderte lebten hier Mönche, eine Führung durch die gut erhaltene Anlage verschafft Einblicke in den Klosteralltag. Kloster Eberbach • 65346 Eltville am Rhein • Tel. Stiftung Kloster Eberbach: 06723 9178100, Museumskasse: 06723 9178115, Infos zu Themenführungen: 06723 9178150 • www.kloster-eberbach.de • tägl. 10–18 Uhr, Apr.–Okt. 10–19 Uhr • Öffentliche Führungen: Jan.–März Sa./So. 14 Uhr, Apr.–Okt. Fr. 15 Uhr, Sa./So. 11/13/15 Uhr, Sept. auch Sa./So. 12.15 Uhr. Kinderführungen am ersten Sonntag des Monats parallel zur Erwachsenenführung Apr.–Okt 15 Uhr, Nov.–März 14 Uhr. Zu den an verschiedenen Terminen stattfindenden Themenführungen sind Voranmeldungen erforderlich. Ein individueller Rundgang mit Audioguide ist während der gesamten Öffnungszeit möglich. • S. 49

Toy-Museum Modelleisenbahn sowie historisches Spielzeug. Peterstraße 20 • 65385 Rüdesheim am Rhein • Tel.: 06722 4024777 • www.toy-museum.de • Mo.–Fr. 8–18 Uhr, Sa./So. 11–18 Uhr, Jan.–März an Wochenenden geschl. • S. 99

Siegfrieds Mechanisches Musikkabinett Beeindruckende Sammlung mechanischer Musikmaschinen. Oberstraße 29 • 65385 Rüdesheim am Rhein • Tel.: 06722 49217 • www.smmk.de • März–Dez. tägl. 10–16 Uhr, Besichtigung nur im Rahmen einer Führung • S. 92

Adlerwarte Niederwald Einblicke in die Welt der Greifvögel. Auf dem Niederwald • 65385 Rüdesheim am Rhein • Tel.: 06722 47339 • www.adlerwarte-niederwald.de • Karfreitag–Okt. Fr.–So. 12–17 Uhr (bei Regen geschl.) • S. 97

Landmuseum Ransel Einblicke in Arbeit und Alltag vergangener Zeiten bietet der Förderverein Ländlicher Kultur e. V. Ransel. Gewerbegebiet 1 • 65391 Lorch-Ransel • Tel.: 06726 2088 • www.flk-ransel.de • Mai–Okt. tägl. 11–19 Uhr • S. 112

Taunus-Wunderland in Schlangenbad

TYPISCHES

Der Rheingau ist ein Weinbaugebiet. Die folgenden Tipps zum Thema Wein können daher nur als Anregung zu weiteren Erkundungen gelten. Machen Sie sich auf die Suche nach Ihrem Lieblingswinzer, die Chancen stehen gut, ihn unter den über 900 Weinbaubetrieben zu finden. Die Geschmäcker beim Wein sind sehr verschieden, doch nur wenige Touristen dürften den Rheingau ohne eine Kiste Riesling oder Spätburgunder im Kofferraum verlassen. Aber die Region hat noch mehr Typisches zu bieten, ob Gaumenfreuden oder Gesundheitsprodukte – achten Sie im Reiseführer auf das Symbol

Confiserie Kunder Konditorei sowie Schokoladen- und Pralinenmanufaktur. Wilhelmstraße 12 • 65185 Wiesbaden • Tel.: 0611 301598 • www.kunder-confiserie.de • Mo.–Fr. 9–18.30 Uhr, Sa. 9–16 Uhr • S. 18

StadtStück Souvenirs, künstlerische Unikate, kulinarische Köstlichkeiten – alles mit Bezug zur Region. Goldgasse 5 • 65183 Wiesbaden • Tel.: 0611 89044223 • www.stadtstueck.de • Mo.–Fr. 10–18.30 Uhr, Sa. 10–16 Uhr • S. 21

Café Maldaner Süße Köstlichkeiten aus eigener Herstellung sowie im „Maldaner Home" im ersten Stock ein ausgewähltes Sortiment edler Accessoires für die Wohnung. Marktstraße 34 • 65185 Wiesbaden • Tel.: 0611 305214 • www.maldaner1859.de • Mo.–Sa. 9–18.30 Uhr, So. 10–18 Uhr • „Maldaner Home": Mi./Sa. 10–17.30 Uhr • S. 21

Henkell Sekt, Wein und Spirituosen im Shop des Henkell-Stammhauses. Biebricher Allee 142 • 65187 Wiesbaden • Tel.: 0611 630 • www.henkell.de • Di.–Fr. 10–19 Uhr, Sa. 10–18 Uhr • S. 28

Schlangen-Apotheke Hausgemachte Pflegeprodukte unter Verwendung von örtlichem Quellwasser und mehr. Rheingauer Straße 27 • 65388 Schlangenbad • Tel.: 06129 8808 • www.schlangen-apotheke.de • Mo.–Fr. 8.30–13/15–18 Uhr, Sa. 8.30–13 Uhr • S. 34

Vinothek Schloss Reinhartshausen Weine, aber auch Brände und Liköre. Hauptstraße 39 • 65346 Eltville-Erbach • Tel.: 06123 7504813 • www.schloss-reinhartshausen.de • Mo.–Fr. 9–18 Uhr, Sa./So. 10–18 Uhr, bei schönem Wetter Mi.–So. Ausschank im Hof • S. 46

Café Maldaner in Wiesbaden

Klosterladen Kloster Eberbach Hochwertiges Wein- und Sektsortiment der hessischen Staatsweingüter, dazu weitere Genuss-Produkte. Kloster Eberbach • 65346 Eltville • Tel.: 06723 6046242 • Apr.–Okt. tägl. 10–19 Uhr, Nov.–März 10–18 Uhr • S. 49

Vinothek Schloss Vollrads Die ganze Rieslings-Vielfalt des Weingutes wartet im ehemaligen Kutscherhaus des Schlosses auf Genießer. Vollradser Allee • 65375 Oestrich-Winkel • Tel.: 06723 660 • www.schlossvollrads.com • Mo.–Fr. 9–17 Uhr, Sa./So. 10–16 Uhr • S. 63

Klosterladen Abtei St. Hildegard Die Benediktinerinnen verkaufen im Klosterladen neben vielem anderen Dinkelprodukte (z. B. Kekse oder Nudeln), aber auch Weine, Liköre und Gelees aus eigener Produktion. Abtei St. Hildegard 1 • 65385 Rüdesheim am Rhein • Tel.: 06722 4990 • www.abtei-st-hildegard.de • Mo.–Sa. 9.30–17 Uhr, von März bis vor Weihnachten auch So. 14–17 Uhr • S. 84

Asbach Besucher-Center Produkte und Accessoires rund um den Weinbrand. Ingelheimer Straße 4 • 65385 Rüdesheim am Rhein • Tel.: 06722 497345 • www.asbach.de • März bis vor Weihnachten Di.–Sa. 9–17 Uhr • S. 86

Käthe Wohlfahrt Weihnachts- und Dekoartikel. Oberstraße 35 • 65385 Rüdesheim am Rhein • Tel. 09861 4090 • www.wohlfahrt.com • S. 90

Forellenzucht Seitz Wisperforellen, geräuchert oder frisch, am Stück oder filetiert. Im Wispertal 2 • Tel.: 06775 960032 • Di.–Sa. 11–18 Uhr, Heiligabend–Febr. geschl. • Schwalbacher Straße 74 • 65391 Lorch am Rhein • Tel.: 06726 586 • Mo.–Fr. 9–13/14.30–17 Uhr, Sa. (nur Ende März–Ende Okt.) 9–13 Uhr • www.wisperforelle.de • S. 114

REGISTER

ORTSREGISTER

Amöneburg S. 32
Assmannshausen S. 81, 93, 99–101, 128
Aukamm S. 17
Bad Schwalbach S. 7, 35–36, 38, 39, 135, 136–137,
Biebrich S. 28, 30, 31, 34, 38, 118, 134
Bingen S. 11, 63, 67, 84, 86, 99
Budenheim S. 67
Eberbach S. 4, 40, 41, 49–51, 54, 60, 66, 89, 117, 118, 137, 139
Eibingen S. 5, 84, 86, 128
Eltville S. 11, 40–54, 123–125, 131, 137, 138, 139
Erbach S. 41, 47, 49, 51, 54, 138
Espenschied S. 105, 107, 115, 129
Flörsheim S. 34, 79
Geisenheim S. 68, 69, 71, 73–79, 98, 126–127, 131, 133, 134
Hallgarten S. 56, 57, 59, 65, 66, 131
Hausen vor der Höhe S. 52, 53
Hattenheim S. 11, 41, 49, 51, 53, 54, 123, 125
Ingelheim S. 67, 75, 121
Johannisberg S. 68, 69, 71, 74–77, 78, 117, 126–127
Kastel S. 32–33, 38
Kaub S. 37, 79, 105, 106, 110–112,
Kiedrich S. 5, 10, 41, 51, 52, 54, 123
Koblenz S. 9, 11, 41, 67, 69, 81, 88, 105
Kostheim S. 32, 33, 34, 39, 132
Lorch S. 10, 11, 53, 67, 104–110, 113, 114, 115, 128–129, 137, 139
Mainz S. 9, 10, 28, 32, 33, 34, 43, 65, 67, 98, 132, 136
Mapper Schanze S. 37, 53, 114
Marienthal S. 68, 69, 71, 77–78, 126
Martinsthal S. 51, 53, 79
Mittelheim S. 56, 57, 65, 67, 125
Niederheimbach S. 67
Oestrich-Winkel S. 56–66, 118, 125–126, 131, 133, 134, 139
Ransel S. 11, 53, 105, 106, 112–113, 137
Rauenthal S. 53
Rüdesheim S. 6, 7, 10, 11, 80–103, 127–128, 131, 134, 137, 139
Rupertsberg S. 84, 86
Schierstein S. 30–31, 34, 38
Schlangenbad S. 7, 34–35, 37, 38, 39, 53, 114, 132–133, 135, 136, 138
Sonnenberg S. 17, 37
Stephanshausen S. 68, 126
Walluf S. 46, 51, 53, 67, 116
Wicker S. 34, 79
Wiesbaden S. 4, 5, 6, 7, 9, 10, 11, 12–36, 38, 39, 41, 47, 69, 81, 105, 115, 116, 117, 118, 121–123, 131, 132, 133, 134, 136, 138

PERSONENREGISTER

Adolf I. von Nassau, Herzog S. 20, 26
Adolf II., Kurfürst S. 43
Albrecht von Preußen S. 47
Alexander von Serbien S. 19
Annaud, Jean-Jacques S. 50
Arnim, Achim von S. 62, 63
Arp, Hans S. 36

Asbach, Hugo S. 86
Auer, Barbara S. 100
Backoffen, Hans S. 45, 49
Baedeker, Karl S. 63
Bassermann, Daniel S. 65
Becker, Nikolaus S. 63
Benedikt XVI., Papst S. 86
Beuys, Joseph S. 19, 36
Bingen, Hildegard von S. 84, 86
Bismarck, Otto von S. 74
Blücher, Gebhard Leberecht von S. 112
Blum, Robert S. 65
Boos, Carl S. 20
Brentano, Clemens S. 61, 63
Byron, Lord George Gordon S. 63
Connery, Sean S. 50
Dalí, Salvador S. 36
Diehl, August S. 100
Dostojewski, Fjodor S. 16
Eco, Umberto S. 50
Eichinger, Bernd S. 50
Eisenhower, Dwight D. S. 118
Elisabeth Michailowna von Russland S. 26
Elisabeth, Kaiserin von Österreich S. 36
Fontane, Theodor S. 36
Franz I., Kaiser von Österreich S. 77
Freiligrath, Ferdinand S. 65
Friedrich Barbarossa, Kaiser S. 33
Fürstchen, Georg Friedrich S. 18
Gerning, Johann Isaak Freiherr von S. 23
Goethe, Johann Wolfgang von S. 5, 23, 57, 62, 89
Grimm, Jacob und Wilhelm S. 62
Günderode, Karoline von S. 61, 62
Gutenberg, Johannes von S. 43, 78
Itzstein, Johann Adam von S. 65, 66
Jawlensky, Alexej von S. 5, 23, 25, 26
Jost, Jupp S. 45
Karl der Große S. 75
Karl, Fürst von Nassau-Usingen S. 15
Karl, Fürst zu Löwenstein-Wertheim-Rosenberg S. 84
Kleist, Heinrich von S. 63
Lade, Eduard von S. 74, 118
Langwerth von Simmern, Georg S. 46, 49, 64
Liszt, Franz S. 63
Maciunas, Georg S. 19
Mann, Thomas S. 40, 45
Marianne von Oranien-Nassau S. 47
Märthesheimer, Peter S. 100
Matuschka-Greiffenclau, Erwein Graf S. 64
Metternich, Klemens Fürst von S. 77
Milan von Serbien S. 19
Mueller-Stahl, Armin S. 100
Müller, Hermann S. 75
Natalia von Serbien S. 19
Ono, Yoko S. 19
Opel, Wilhelm S. 26
Ostein, Graf Maximilian von S. 94, 97, 98
Otto II., Kaiser S. 117
Pfaff, Anton Karl S. 108
Picasso, Pablo S. 36
Pnischeck, Edmund S. 110
Repin, Ilja S. 25
Rheinsberg, Raffael S. 36
Roosevelt, Theodore S. 36
Rossum, Johannes van S. 47
Savigny, Friedrich Carl von S. 62
Schilling, Johannes S. 95
Schlegel, Friedrich S. 63
Schönborn, Philipp Erwein von S. 73
Schro, Hans S. 45
Schumann, Robert S. 63
Stein, Gustel S. 61
Sutton, Baronet Sir John S. 52
Thiersch, Friedrich von S. 15, 32
Trotta, Margarethe von S. 100
Turner, William S. 63
Victoria, Königin von England S. 34, 36
Vöge, Wilhelm S. 66
Vostell, Wolf S. 36
Wagner, Richard S. 28, 63
Welsch, Maximilian von S. 28
Wendel, Siegfried S. 92, 94

Werefkin, Marianne von S. 25
Westphalen, Clemens August von S. 47
Wilhelm I., Herzog von Nassau S. 20, 37, 74, 95, 97
Wilhelm II., Kaiser S. 17
Wilhelm, Carl S. 63
Willigis, Erzbischof S. 117

ABBILDUNGSNACHWEIS

Alle Bilder von Barbara Gerlach außer:

S. 5 (2. Bild von oben), Umschlag hinten (oben Mitte): Museum Wiesbaden
S. 33: Gesellschaft für Heimatgeschichte Kastel e.V.

BILDLEGENDEN

S. 1: Niederwaldtempel, Rüdesheim
S. 6: Rhein bei Lorch
S. 12: Kurhaus Wiesbaden
S. 40: Burgruine Scharfenstein, Kiedrich
S. 56 Schloss Vollrads
S. 68: Markt, Geisenheim
S. 80: Drosselgasse, Rüdesheim
S. 104: Ruine Nollig
S. 116: Blick vom Niederwald ins Rhein- und Nahetal

Umschlagabbildung vorn: Reben am Rhein – typisch Rheingau

Umschlagabbildungen hinten: „Germania" Rüdesheim (oben links); Selbstporträt „Alexej von Jawlensky" im Museum Wiesbaden (oben Mitte); Boosenburg, Rüdesheim (unten)

LITERATURHINWEIS

Fakten zum Thema Wein basieren auf: Holger Vornholt und Joachim Grau: „Wein-Enzyklopädie", Gräfe und Unzer, München 2001.

DANKESCHÖN

Verlag und Autor danken allen Personen und Rechteinhabern, die in Einzelfällen eigene Fotos beigesteuert haben oder die Genehmigung zum Abdruck von Fotografien gegeben haben, die der Autor von ihrem Eigentum aus aufgenommen hat.

AUTOR UND FOTOGRAFIN

Göran Seyfarth, geb. 1965 in Zwickau, wo er auch heute noch lebt, schreibt seit 2015 zu touristischen Themen. Auf seinen Reisen lenkt er den Blick stets auf das Wesentliche, ohne dabei die Vielfalt aus den Augen zu verlieren. **Barbara Gerlach**, seit 1996 selbstständige Fotografin in Gera, fotografierte dazu den Rheingau in seiner ganzen Schönheit. Gemeinsam haben beide auch schon den Taunus erkundet (mdv 2017).

Der Verlag und der Autor freuen sich über Ihre Hinweise:
info@mitteldeutscherverlag.de

Haftungsausschluss
Die Angaben in diesem Reiseführer wurden gewissenhaft überprüft. Für die Aktualität, Korrektheit und Vollständigkeit übernimmt der Autor keine Haftung. Der Autor distanziert sich aus rechtlichen Gründen von allen Inhalten der aufgeführten Internetseiten. Auf aktuelle und zukünftige Gestaltung, die Inhalte oder Urheberschaft der angeführten Internetseiten hat der Autor keinen Einfluss.

Redaktionsschluss: Februar 2018

Karten: Margot Engel, Leipzig

Gesamtherstellung: Mitteldeutscher Verlag, Halle (Saale)

ISBN 978-3-95462-955-8

Printed in the EU